本书获教育部人文社会科学研究青年基金项目（21YJC
山东省自然科学基金一般项目（ZR2022MG041）资助

人力资源服务业发展问题研究：
以Q市为例

杨皎平◎编著

吉林大学出版社
·长春·

图书在版编目（CIP）数据

人力资源服务业发展问题研究：以 Q 市为例 / 杨皎平编著． -- 长春：吉林大学出版社，2023.4
ISBN 978-7-5768-1637-2

Ⅰ．①人… Ⅱ．①杨… Ⅲ．①人力资源—服务业—研究—中国 Ⅳ．① F249.23

中国国家版本馆 CIP 数据核字（2023）第 074322 号

书　　名：	人力资源服务业发展问题研究：以 Q 市为例
	RENLI ZIYUAN FUWUYE FAZHAN WENTI YANJIU：YI Q SHI WEI LI
作　　者：	杨皎平
策划编辑：	卢　婵
责任编辑：	卢　婵
责任校对：	张　驰
装帧设计：	三仓学术
出版发行：	吉林大学出版社
社　　址：	长春市人民大街 4059 号
邮政编码：	130021
发行电话：	0431-89580028/29/21
网　　址：	http://www.jlup.com.cn
电子邮箱：	jldxcbs@sina.com
印　　刷：	武汉鑫佳捷印务有限公司
开　　本：	787mm×1092mm　　1/16
印　　张：	14.5
字　　数：	200 千字
版　　次：	2023 年 4 月　第 1 版
印　　次：	2023 年 4 月　第 1 次
书　　号：	ISBN 978-7-5768-1637-2
定　　价：	78.00 元

版权所有　翻印必究

前　言

"十四五"时期是我国全面建成小康社会、实现第一个百年奋斗目标之后，乘势而上开启全面建设社会主义现代化国家新征程、向第二个百年奋斗目标进军的第一个五年。2021年人力资源社会保障部发布的《人力资源和社会保障事业发展"十四五"规划》明确指出，未来我国将深入实施人力资源服务业高质量发展行动，加快建设统一规范、竞争有序的人力资源市场，推动人力资源服务创新发展。

人力资源服务业主要包括人力资源招聘、职业指导、人力资源和社会保障事务代理、人力资源培训、人才测评、劳务派遣、高端人才寻访、人力资源外包、人力资源管理咨询、人力资源信息软件服务等多种业务形态。作为一种生产性服务业，人力资源服务业具有双重的角色，其本身既是一种战略性产业，又是其他战略性产业发展的重要支撑，其本质是为了实现人力资源的高效开发与优化配置，提升资源整合效率。因此，人力资源服务业受到了高度重视，成为面向未来的"朝阳产业"和现代服务业的重要组成部分。

人力资源是经济社会发展的第一资源，人力资源服务业的主要特点是技术含量高、人力资本高、成长性高和辐射带动作用强，是我国生产性服务业的重点领域。加快发展人力资源服务业，是建设人力资源强国的内在要求，有利于推动经济发展方式向依靠科技的进步、劳动者素质的提高和管理的创新转变。近年来，随着人力资源配置市场化进程的发展，我国人力资源服务业有了较大提升，初步形成了多元化、多层次的人力资源服务体系，并不断朝着专业化、信息化、产业化、国际化的方向发展。

经过40余年的发展，虽然我国的人力资源业取得了长足的进步，但是相较于此方面发达的国家和地区，我国的人力资源服务业仍有着很多不足，其主要体现为竞争力弱、技术含量和发展水平低、规模较小等。如今，我国人力资源服务机构运用大数据、"互联网+"、云计算等新一代信息技术的水平和能力都能够获得有效的提升，由此可见中国人力资源服务业在转型升级方面的迫切性。本书建立了人力资源服务企业竞争力的评价指标体系，结合Q市人力资源服务企业的创新实践，提出了高质量发展导向下，我国人力资源服务企业竞争力的提升机制和策略。

人力资源服务产业园作为发展人力资源服务业的一种独有模式，是各类人力资源服务企业及人力资源服务上下游产业链组织的集群发展形式，在集聚产业、拓展服务、孵化企业、培育市场，以及改善地方发展环境、促进经济发展转型和产业结构升级等方面发挥了积极作用。历经10余年的发展，我国人力资源服务产业园建设发展逐步走向规范化和成熟化，部分发展势头良好的产业园已经开始凸显出载体化、融合化、多元化等平台化发展显著特征，但也存在一些产业园区在政策支持、园区管理和产业融合等方面存在一些不足，本书在梳理人力资源产业园区形成发展和管理模式的基础上，总结了相关人力资源服务产业园区发展的特色经验，给出了促进人力资源服务产业园区发展的对策和建议。

2021年，我国出台的《建设高标准市场体系行动方案》提出加快发展人力资源服务业，提升人力资源服务质量。同年还出台了《关于推进新时代人力资源服务业高质量发展的意见》，提出进一步提高人力资源服务水平，打造高标准人力资源市场体系。在人力资源服务业的高质量发展过程中，市场发挥着决定性作用，但市场不是万能的，针对市场失灵，应当更好地发挥政府作用以使市场配置人力资源的决定性作用得到充分有效发挥。我国人力资源服务业40余年的发展历程充分说明我国各级政府在人力资源服务产业园的规划和引导，重点人力资源企业和业态培育、人力资源服务平台建设等多个方面发挥了巨大作用。本书分析了人力资源服务业发展过程中政府、政策的推动作用，在总结国内外相关城市政府在赋能人力资源服务业高质量的发展实践经验的基础上提出了完善人力资源服务业发展的政府作用的对策和建议。

Q 市的人力资源服务产业近年来高速发展，产业规模不断扩大，业态和商业模式不断丰富，产业园区建设大踏步前进。本书在分析人力资源服务企业竞争力、人力资源服务产业园区管理、政府赋能人力资源产业高质量发展的过程中，结合了 Q 市人力资源服务业发展的现状和特征，对相关问题进行了针对性的剖析，介绍了 Q 市人力资源服务业特色发展的创新举措。

青岛科技大学经济与管理学院学术委员会主任　杨皎平
2022 年 6 月 1 日

目　录

第一章　人力资源服务基础理论……………………………… 1

第一节　人力资源服务及人力资源服务业 ……………………… 1
第二节　人力资源服务业集聚与产业园区 ……………………… 7
第三节　地方政府赋能人力资源服务发展 ……………………… 10

第二章　人力资源服务业发展现状及面临的形势…………… 15

第一节　人力资源服务业发展现状及问题 ……………………… 16
第二节　数字经济时代的人力资源服务业 ……………………… 24
第三节　后疫情时代的人力资源服务业 ………………………… 37
第四节　双循环格局下 Q 市人力资源服务业面临的新形势 …… 47

第三章　人力资源服务企业的竞争力研究…………………… 61

第一节　人力资源服务企业竞争力评价 ………………………… 61
第二节　数字时代人力资源服务企业竞争力提升机制 ………… 78
第三节　Q 市人力资源服务企业提升竞争力的创新实践 ……… 91

第四节　高质量发展下人力资源服务企业的竞争战略………… 104

第四章　人力资源服务产业园区的运营管理研究…………… 115

第一节　人力资源服务产业园区的形成和发展………… 116
第二节　国内人力资源服务产业园区管理模式………… 123
第三节　人力资源服务产业园区发展的特色经验………… 132
第四节　Q市人力资源服务产业园区发展状况………… 140

第五章　人力资源服务业发展中的政府作用………………… 154

第一节　促进人力资源服务业发展的地方政府行为评价………… 154
第二节　促进人力资源服务产业园发展的政府政策作用………… 166
第三节　国内人力资源服务产业园的政策激励实践经验………… 172
第四节　Q市人力资源服务业发展的创新政策与举措………… 177

第六章　人力资源服务业发展的相关对策和建议…………… 189

第一节　提升人力资源服务企业竞争力的对策………… 189
第二节　促进人力资源服务产业园区发展的对策………… 195
第三节　完善人力资源服务业发展政府政策激励的建议………… 201
第四节　赋能Q市人力资源服务业特色发展的对策………… 211

参考文献………… 217

结束语………… 220

第一章　人力资源服务基础理论

我国人力资源服务行业经历了从无到有，由小及大，从产品单一到服务日趋丰富的过程。1979 年，北京外企人力资源服务有限公司成立，其作为全国第一家人力资源服务机构，拉开了我国人力资源服务业发展的序幕。1992 年，中共十四大后，人事制度开始改革，人才开始流动。2007 年，国务院首次将人力资源服务业写入政府工作文件，相应扶持政策陆续出台。目前，已初步形成了多层次、多元化、全方位的服务体系，服务内容由最初的职业介绍、档案管理等延伸至完整的人力资源服务产业链，管理咨询、中高端猎头、人才培训、人才测评、劳务派遣等多业态并存，市场活力不断被挖掘，行业规模持续扩大。

第一节　人力资源服务及人力资源服务业

一、人力资源服务

（一）人力资源服务的概念

在知识经济时代，人力资源的作用日益凸显，已成为一国经济发展的重要因素。随着人力资源管理专业化程度的提高，管理的分工也越来越明确，形成了企事业单位各自独具风格的人力资源管理模式。同时，为了迎接全球化、组织变化、知识工人短缺等新挑战，人力资源管理在不断创新中寻求变革，出现了专门以提供人力资源管理为核心业务的服务机构。为了应对企事业单位人力资源管理的新需求，人力资源服务行业利用信息化技术，实施网络化人力资源管理，建立起了更加有效的管理机制，不断推动其向纵深发展。在国家标准《人力资源服务术语》中提出，人力资源服务是指为劳动者就业和职业发展，为用人单位管理和开发人力资源提供的能力和价值提升的系列活动。

综上所述，可以认为：人力资源服务是指为人才和用人单位提供相关专业服务，从而促进人力资源的有效开发与优化配置的一种形式。根据我国社会主义市场经济特点，形成了两类人力资源服务内容。一类是公共人力资源服务，主要由政府部门承担，包括职能技能鉴定、人事代理、档案管理、社会保障服务、就业创业服务、职业培训、职称评定、党员服务、人才服务等。另一类是经营性人力资源服务，包括人力资源培训与开发、人力资源招聘服务、高级人才寻访服务、人力资源管理咨询服务、人力人才测评服务、劳动派遣、员工关系管理、人力资源职业生涯发展规划、人力资源外包服务、组织现场人力资源交流会等。

（二）人力资源服务的主要内容

1. 招聘服务

招聘服务对应于企业内部招聘流程，是指招聘服务机构根据用人单位的人力资源规划和工作岗位要求，通过挖掘组织外部人才资源信息渠道和人才选拔操作，为用人单位提供经筛选后符合岗位要求的专门人才的服务形式。招聘服务可以拓展组织外部招聘渠道、优化用人单位组织招聘管理流程、提升用人组织雇主品牌形象、提升用人组织人力资源配置和开发效能。

2. 劳务派遣服务

劳务派遣作为一种非标准化的新的用工方式，在世界发达国家和地区，如美国、日本、德国等国家发展得比较早。我国的劳务派遣发展时期较晚，但发展速度非常快。劳务派遣又称人力派遣、人才租赁、劳动派遣、劳动力租赁、雇员租赁，是指由劳务派遣机构与派遣劳工订立劳动合同，把劳动者派向其他用工单位，再由其用工单位向派遣机构支付服务费用的一种用工形式。劳动力给付的事实发生于派遣劳工与要派企业（实际用工单位）之间，要派企业向劳务派遣机构支付服务费，劳务派遣机构向劳动者支付劳动报酬。

3. 人力资源服务外包

人力资源服务外包（human resource outsourcing，HRO）是指企业为了降低人力成本，实现效率最大化，将人力资源事务中非核心部分的工作全部或部分委托人力资源服务机构管（办）理。人力资源服务外包的特点主要是基础性、重复性和通用性。基础性是指外包出去的人力资源项目一般是传统的人力资源管理的部分内容；重复性是指外包出去的业务一般是招聘、培训、薪酬发放等具有重复性的工作内容；通用性是指同类外包项目，基本流程一致，在满足客户差异化需求的同时可以提供普适性的流程。常见的人力资源服务外包有流程外包、劳务外包、人事代理等形式。

外包和派遣的本质区别在于对劳动者指挥管理权的行使。劳务派遣的情况下，用工单位对劳动者享有完整的指挥管理权，是一个三方的关系；外包情况下，指挥管理权应转为主要由外包单位行使。指挥管理权主要包含工作安排、考核和规章制度使用，是单位与单位之间的商业行为，是双方关系，不涉及员工关系。

4. 培训服务

所谓培训服务是指为客户提供与人力资源管理和开发相关的培训活动，通过改变知识、技能和态度以满足客户需求的过程。这里的客户既包括个体，又包括各类组织。政府、企事业单位和各类社会团体都可以成为培训服务的客户。

5. 人才测评服务

人才测评是指为了实现对人才某一方面或者综合素质的准确评价，借助一定的测量工具，对人才是否满足其工作岗位条件所做的客观的评估。人才测评具有鉴定功能、预测功能、诊断功能、导向功能以及激励功能。

6. 高级人才寻访服务

高级人才寻访是"猎头"的正式称谓，是指根据客户需求为客户提供咨询、搜寻、甄选、评估、推荐并协助录用高级人才的系列服务活动，是人力资源领域一项新兴的高端业务。在高级人才寻访业务中，通常从市场运营的角度去界定高级人才，一般指高学历、高职位、高收入的职场白领或者金领的"三高"人群，通常表现为拥有良好的教育背景、丰富的工作经验、较强的专业能力、较高的业务素质、顽强的敬业精神、良好的综合素质等。

7. 人力资源管理咨询服务

人力资源管理咨询是与"人力资源管理"以及"管理咨询"这两个关键词联系在一起的。从范畴上来讲，人力资源管理咨询是人力资源管理的组成部分，是管理咨询中的一项具体业务。管理咨询是由独立的外部管理顾问或公司为帮助企业经营管理者解决其经营管理问题、提升其经营管理能力而进行的诊断问题、提出解决方案、指导方案实施等一系列的智力活动。主要包括人力资源管理诊断、人力资源规划咨询、工作分析咨询、绩效管理咨询、薪酬管理咨询业务等。

8. 流动人员人事档案管理服务

流动人员人事档案是人事档案的重要组成部分，也是国家档案的组成部分。流动人员人事档案管理实行集中统一、归口管理的管理体制，主管部门为政府人力资源社会保障部门。流动人员人事档案具体由县级以上（含县级）公共就业和人才服务机构以及经人社部门授权的单位管理，其他单位未经授权不得管理流动人员人事档案。其主管部门配备了专门的人员和设施，形成了一套较为完整的流动人员人事档案管理体系。

二、人力资源服务业

（一）人力资源服务机构（企业）

人力资源服务机构指申请开展人力资源供求信息、整理、储存、发布和咨询，应聘人员推荐，职业指导与咨询的机构。《安徽省人力资源服务机构等级划分标准与评定暂行办法》中提出：人力资源服务机构是指经市以上人力资源社会保障行政部门和工商行政管理部门批准从事人力资源招聘、职业中介、高级人才寻访、人才测评、人力资源外包、人力资源管理咨询和劳务派遣等经营性服务项目的合法组织。[1]《贵州省人力资源市场条例》指出，人力资源服务机构是指为人力资源供给方和需求方提供就业择业、人力资源开发配置以及相关服务的组织。[2] 因此，可将人力资源服务机构界定为：经人力资源社会保障部门和工商行政管理部门批准成立，具有独立法人资格的开展招聘、高级人才寻访、劳务派遣、培训、人才测评、人力资源外包、人力资源管理咨询、流动人员人事档案管理等相关服务的专业中介服务机构。[3]

总体而言，人力资源服务机构（企业）是指提供人力资源相关服务，架起沟通桥梁，解决用人单位和劳动者信息不对称问题，并获取一定收益的组织。其主要作用是：根据国家政策，取得行政许可，从事人力资源服务业务；基于客户需求，提供专业的人力资源解决方案；按照相关政策和政府要求购买部分社会公共服务，用于公益[4]。

（二）人力资源服务业

关于人力资源服务业的概念，国内外并没有统一的界定。在《人力资源社会保障部、国家发展改革委、财政部关于加快发展人力资源服务业的意见》（人社部发〔2014〕104号）中，将人力资源服务业界定为：为劳动者就业和职业发展，为用人单位管理和开发人力资源提供相关服务的专门行业，主要包括人力资源招聘、职业指导、人力资源和社会保障事务代理、人力资源培训、人才测评、劳务派遣、高端人才寻访、人力资源外包、人力资源管理咨询、人力资源信息软件服务等多种业务形态。

伴随着改革开放的进程，我国人力资源服务业经过40余年的不断探索和发展，初步形成了"公共服务与经营性服务并重，多种类型的人力资源服务机构共存的多层次、多元化的人力资源市场化服务体系"。作为一种生产性服务业，人力资源服务业具有双重的角色，其本身既是一种战略性产业，又是其他战略性产业发展的重要支撑，其本质是为了实现人力资源的高效开发与优化配置，提升资源整合效率。因此，人力资源服务业受到了高度重视，成为面向未来的"朝阳产业"和现代服务业的重要组成部分。[5]

简单而言，人力资源服务业是指以提供人力资源服务而形成的一种产业结构，这一产业为企业进行人力资源的外包管理，很多企业通过这种业务模式对企业发展中的非核心业务进行管理，以此来帮助企业"瘦身"发展，提高企业综合利润。人力资源服务业发展的核心问题是提高企业人力资源服务外包需求意愿。

人力资源服务产业的发展是随着经济的发展形势而出现的，在经济全球化时代，全球经济联结在一起，经济市场化与区域经济一体化更是加快了区域经济之间的流动速度，人力资源服务产业正是在复杂的社会分工中所形成的更为细密的产业部门。人力资源服务产业将有效推动我国经济发展。人力资源服务产业关系就业创业、职业发展和创新能力提升，是国家确定的生产性服务业重点领域。自改革开放40余年来，我国的人力资源服务业从零到有、从小到大，经过长期的积累取得了长足发展。

以Q市为例，2021年该市人力资源服务产业的高质量发展进一步推进，截至2021年年底，全市人力资源服务机构（含劳务派遣机构）达到2 668家，覆盖了上述所有的服务业态。2021年Q市人力资源服务业营业收入达到364.8亿元，服务用人单位53.5万家次，帮助实现就业、择业和流动230.6万人次。

第二节 人力资源服务业集聚与产业园区

一、人力资源服务业集聚

（一）人力资源服务业集聚的概念

近十年来，人力资源服务业发展迅猛，正在以更加完整的价值链产业形式出现于大众视野。地理集聚是产业发展的重要途径，一方面，人力资源服务业集聚能够更好地满足个人、企业、政府及其他社会组织对人力资源服务的需求；另一方面，面对复杂的产业形成历程，人力资源服务业发展尚不成熟，增强产业综合实力势在必行。

遵循产业集聚的概念，可以将人力资源服务业集聚定义为，为个人、企业或其他社会组织提供人力资源平台支撑类服务、人力资源咨询类服务和人力资源外包类服务的人力资源服务企业，在某一地理空间位置上发生聚集，或与同产业企业进行信息、技术、知识等资源共享实现人力资源服务业集聚经济的产业形态。本书研究的人力资源服务业集聚，是指在某个城市内的地理区位选择中，多个人力资源服务企业发生空间聚集及要素融合的现象。

（二）人力资源服务业集聚的效应

人力资源服务业集聚不是各人力资源服务企业在地理位置上的简单加总，人力资源服务业具有较强竞争力的根源是人力资源服务业集聚所形成的集聚效益。通过对人力资源服务企业追求规模经济的论述可以看出，追求规模经济效益既是人力资源服务企业集聚的目的，也是人力资源服务业集聚的结果。除此之外，人力资源服务业集聚还会产生创新效益、技术进步效益和自我强化效益，从而提升产业整体实力，对社会经济产生额外效益。[6]

创新效益不是指人力资源服务业集聚中的创新活动产生的额外收益，创新活动在集聚区域内部和外部都是存在的，而此处所衡量的是由于人力资源服务业集聚带来的系统内创新高效，从而引发的人力资源服务业集聚区技术进步、管理创新和传播速度均优于其他地区的那部分额外效益。系统内创新高效主要来自众多人力资源服务创新资源的集中，包括大量的技术人才、技术信息和管理资源，有时也伴有明显的政策偏向。

技术进步效益指人力资源服务业集聚区整体产品或服务的技术升级与进步快于其他企业。人力资源服务业集聚区域内竞争压力大，迫使众多人力资源服务企业加快产品或服务的开发与迭代过程，提高人力资源服务产品的技术水平和经营管理水平，推动技术进步。另外，集聚区内通常配备完善的辅助人力资源服务产业，可以加快新产品或服务科研速度，提高产品或服务的适用率。

自我强化效益表现为人力资源服务业通过集聚实现产业实力增强与规模扩张，从而进一步促进集聚的良性循环。人力资源服务企业在集聚过程中不断地吸收规模经济与集聚经济带来的益处，能够明显降低企业的服务成本、创新成本；创新效益与加速技术进步效益能够对人力资源服务企业收益的增加起到根本作用，在三个效益的共同带动下，人力资源服务企业不仅会迎来自我增强的机会，还会出现横向并购、扩大规模的现象，从而催生出更大范围、更高阶段的人力资源服务业集聚。

二、人力资源服务产业园区

（一）人力资源服务产业园区的概念

产业园是在经济发展过程中由政府主导的按照地区或者是国家经济发展计划以及目标所单独设置的享有一定优惠政策的区域。在产业园内所有的公共基础设施都由政府进行统一的建设和统一的管理，是地方经济建设中一道亮丽的风景线。在不同的地区，产业园的形式各有不同，一般存在着高新技术园区、文化产业园区以及经济开发园区等。尽管形式名称上各有不同，但是都具有相同的特征：一是在特定的地域空间内，产业园有配套的、完善的设施，各种企业能够在园区中形成一定的集聚效应，能够相互合作；二是产业园由单一性向多样化发展；三是具有企业集聚效应；四是具有特殊区位优势。

人力资源服务产业园是我国特有的一种为鼓励和促进人力资源服务产业发展的经济业态。可以将其定义为：以集聚人力资源服务产业发展所需的必然要素为手段，通过人力资源服务机构的集聚为发展形态，促进区域人力资源开发管理水平提升、实现人力资源优化配置的载体。[7]

产业园内集聚了大批的人力资源服务机构以及相关产业附属结构，共同组成了产业园管理对象。人力资源服务产业园建设具有积极的意义，能够给当地经济以及社会发展带来巨大的外溢效应，因此受到了各地区的重视。自从上海在 2010 年建立了国家级人力资源产业园之后，各个地方也开始计划建设人力资源服务产业园，以此促进地区人力资源服务产业的发展。如今，Q 市已经形成了以 QSB 国际人力资源服务产业园区为核心，以 XHA 新区人力资源服务产业园区和 QJZ（国际）人力资源服务产业园区为两极，辐射 QCY 区、QPD 市等地的人力资源产业园区的总体布局，并于 2022 年获批国家首批人力资源服务出口基地。

（二）人力资源服务产业园区的作用

从国家战略层面来看，建设人力资源服务产业园是贯彻落实人才强国战略的有力保障。人才强国战略的重心是人才资源强国，这就要求充分利用人口红利优势，将我国从人口大国转变为人才资源强国，为实现中华民族的伟大复兴提供人才保障。随着经济全球化趋势的加强以及国家"一带一路"倡议的实施，对人才的需求必将提出更高的要求。这不仅体现在人才的数量上，更体现在人才的质量上。建设人力资源服务产业园能够从宏观布局上引导和培育优质的人才资源，优化人才资源的配置效应，为创新人才发展工作提供一条有效的途径。

从经济发展层面来看，建设人力资源服务产业园一方面有利于人力资源企业加强自身建设，提升产品和服务质量，增加市场合作和业务量，促进企业经济效益提升；另一方面人力资源开发的有效性能够对各种生产要素进行优化配置，促进生产的发展和消费的增长，同时促进产业结构变革和优化。

从社会效益层面来看，通过建设人力资源服务产业园，形成产业集聚效应，搭建用工服务平台，帮助企业解决用工需求，帮助各阶层人才解决就业需求，对于促进社会稳定和谐起到至关重要的作用。

从行业自身层面来看，建设人力资源服务产业园有利于加强人力资源服务业之间的交流，促进行业整体水平的提升；有利于增强人力资源服务业的创新能力，推动人力资源行业管理创新、服务创新、产品创新；有利于人力资源及其紧密相关领域的产品和服务的聚合，形成完整的生态产业链结构，并推动行业向高附加值产业链延伸；有利于规范人力资源服务市场行为，建立健全人力资源服务行业标准，促进人力资源服务行业健康、有序发展；有利于通过产业集聚效应提升人力资源服务业的整体社会认知度，树立良好的行业品牌形象；有利于孵化人力资源服务业新生力量，促进人力资源服务业创新创业发展。

第三节　地方政府赋能人力资源服务发展

一、地方政府行为及主要内容

（一）地方政府行为的界定

在我国政府体系中，地方政府的层级结构被分为具有隶属关系的若干层次：最高层级地方政府有省级（包括省、自治区、直辖市）地方政府，中层地方政府有市、县级地方政府，和市、县级以下的基层地方政府。

对于中央政府而言，地方政府行为是中央政府决策的具体执行和中央政府行为的进一步延伸，具体行使政府职能。政府职能通常包括针对政治、经济、文化、社会四个不同领域的职能，其中政治职能又包括反映统治阶级利益的军事职能、代表国家安全的外交职能和维护社会公共秩序的维护治安职能，经济职能指的是为了保证国家经济稳定、可持续发展而对各种经济活动进行管理的过程，文化职能是政府在科技、教育、文化、卫生等领域的公共事务，社会职能则涉及公共物品的提供，以及为保持社会可持续发展的生态环境保护等。因此，地方政府行为是地方政府在辖区内执行政治职能、经济职能、文化职能和社会职能的具体表现。

对于区域内治理而言，地方政府行为可分为地方政府在政治、经济、文化、社会领域的微观规制行为、宏观调节行为和对外行为。[8]地方政府不仅要关注地方发展中的独特优势、问题和矛盾，采取适应地方具体现状的微观操作，同时也应协调区域内众多发展因素，实现区域的整体发展目标，在这一过程中，地方政府也要加强对外联系，寻求区域间的良性竞争与合作。因此，地方政府行为也是对社会各领域进行包括微观规制、宏观调节和对外活动的行为总和。

（二）全面深化改革时期地方政府行为的内容

地方政府治理作为国家治理中的重要次级体系，对治理能力现代化的建设发挥至关重要的作用。在市场发展程度仍旧不高的现阶段，我国地方政府面临转型与重塑的挑战，除了执行基本的地方政府职能，在以下六个方面也应当重点发挥作用。

1. 保持区域内经济综合平衡稳定发展

市场机制作用下的经济均衡是经过周期性波动之后的长期均衡，其间由于市场调节具有诸多不确定性因素，会导致一定区域内经济总量上的失衡。地方政府除了相机选择财政政策、货币政策、信贷政策等宏观调控措施外，同时需要制定区域发展战略，积极调整现有产业结构，通过对某些先进产业进行投融资鼓励，保持宏观经济稳定及经济总量上的基本平衡。

2. 增加公共产品的供给

公共产品指的是那些具有非排他性和非对抗性的产品和服务的总称，如公共基础设施、教育、环境保护、国防等。由计划经济转型来的市场经济体制下，我国地方政府在经济调控职能中对市场主体进行了过多的直接干预，有效促进了经济转型，但是长期的直接干预行为会造成市场体制缺乏活力、竞争机制不健全的问题。全面深化改革时期，要求政府行为回归价格机制在资源配置中的决定作用，而地方政府更多地担任公共产品的供给者角色，为市场机制作用的发挥提供基本保障。

3. 防止某些产业垄断的形成

新时期的要求是使市场竞争进入更为深入的阶段，无论是传统的国家垄断行业还是市场形成性垄断产业，都十分不利于市场调节功能的有效发挥，因此，地方政府应当及时通过反托拉斯法、行业反垄断法、价格规制等手段进行适当的治理，引导市场的多主体竞争。

4. 弥补和纠正经济外部性

经济外部性指的是经济个体在做出生产决策或消费决策时对其他主体的生产和决策产生了直接影响，由于并不是市场价格机制的影响，对于该经济个体来说，实际上提供了一种没有报酬的无形产品，因此而造成的损失就是外部不经济。政府行为的税收减免或补贴、行政管制等政策能够在一定程度上将外部效应内部化，维护市场的良性竞争。

5. 调节收入分配，促进社会公平

市场能够促进经济社会的高效率发展，但很难有能力保证社会财富的分配均衡，市场机制虽奉行公平竞争，但由于社会财富的各持有主体因为天然禀赋、教育素养、行业优势等条件的差异，使得掌握更多资源的主体赢得更多的社会财富，而资源缺乏的市场主体更加贫弱，这一社会财富分配中的"马太效应"是市场机制作用下的结果，却只能依靠政府制定税收政策和社会保障政策加以调节，促进社会的公平发展。

6. 保护市场主体知识产权，维护经济秩序

在市场经济发展初级阶段，由于产权划分不明确，相关制度缺位，造

成众多以自我利益最大化为目标的市场主体出现投机行为，扰乱市场运行秩序，而在这一过程中，市场主要参与者、当事人并不具备划分市场主体产权边界或利益界限的能力，使得市场上的利益冲突难以得到及时的解决。政府的行政立法权能够在市场中建立市场主体接受的统一的政策或法规，从而减少市场竞争矛盾因素，维护经济发展秩序。

二、地方政府促进人力资源服务业集聚的动因

（一）实现中央政府下达的任务

1. 发展人力资源服务业具有重要意义

随着20世纪末以来新型产业、技术的出现，各类型的社会组织均意识到技能型人才、高层次研发人才及高级管理人才的重要性，各国政府都将人才管理提到了国家战略层面。人力资源服务业围绕人力资源配置、开发、培养、管理的产业内容符合当代社会人才竞争的现状，也是各个国家政府开展国际竞争、增强竞争优势的必要手段。

2. 人力资源服务业亟待改革

传统的人力资源服务主要由国家机构提供，具有明显的公共服务性质，然而，面对不断增加的人口就业压力和日益激烈的国际竞争，各国政府需要对传统人力资源服务业进行改革。我国人事部于2001年颁布了《人才市场管理规定》，正式允许外国人才中介服务机构进入中国市场，在我国逐步取消工作分配制的过程中，形成了国有性人力资源服务机构、民营性人力资源服务企业和外资人力资源服务机构的多元化市场竞争局面。

3. 供给引导下的产业集聚是加快发展人力资源服务业的重要途径

中央政府鼓励通过产业集聚方式推动人力资源服务业发展，是因为在要求及时性、专业性、知识性的人力资源服务市场需求面前，这是一种能够较快整合产业资源、集中提供供给引导的最佳途径。

（二）提高地方政府的治理绩效

1. 增强辖区内人力资源服务企业的综合发展能力

地方政府能够结合地方劳动就业率、人口老龄化现状和社会保障政策等情况，制定符合地区发展的人力资源服务业集聚引导政策，调整原有人力资源服务市场分散性、规模小的产业布局，通过集聚区建设进行人力资源服务业拓展业态、孵化企业、培育市场等产业发展功能。

2. 满足辖区内各企业的人力资源服务需求

辖区内任何企业的人力资源服务需求均可以通过人力资源服务企业专业化、一站式的人力资源服务得到满足，除了较低层次的蓝领工人的招聘或劳动派遣，也包括高层次人才的猎寻，能够为企业提供及时有效的人才配置服务，另外，随着企业对人力资源服务个性化需求的不同，企业可以在产品丰富的人力资源服务集聚区内选择适合自身发展要求的人力资源服务企业和服务项目。

3. 帮助辖区内居民实现就业

作为人力资源服务的首要内容，人力资源服务企业能够帮助居民通过招聘会、招聘网站和报纸等多媒体招聘广告渠道实现就业；其次，人力资源服务业企业为居民提供专业化职业技能辅导，帮助提高其求职中的个体竞争力；最后，作为求职、招聘中的第三方机构，人力资源服务企业还能够为居民提供必要的信息安全保障和权益保障。

4. 增加地方政府在该产业中的税收

从根本上说，地方政府的行为除了要满足中央政府下达的目标和满足地方非政府主体的需求外，也必然将地区的财政收入状况作为提高自身政绩的重要指标。即，当人力资源服务业具备产业壮大、奉献更多税费缴纳的情况下，地方政府是有意愿将各项优惠政策给予倾斜的，以满足自身对财政收入的追求。

第二章　人力资源服务业发展现状及面临的形势

当今世界正经历百年未有之大变局，不稳定性、不确定性明显增强，在此大背景下，风险和机遇并存、挑战和发展同在。各个城市或园区的人力资源服务业要想在时代的洪流之中，实现特色发展、抢先发展、创新发展和韧性发展，需要产业生态中各利益相关方的共同努力。2021年11月，人力资源和社会保障部联合多部委发布了《关于推进新时代人力资源服务业高质量发展的意见》（下文简称为《意见》），全面和深入地总结并展望了中国人力资源服务业发展。《意见》强调，"十四五"新发展阶段，要以市场需求为导向，推动人力资源服务的管理、技术和产品创新，支持人力资源服务龙头企业做强做优，并加快培育一批聚焦主业、专精特新的中小型人力资源服务企业。

第一节 人力资源服务业发展现状及问题

一、我国人力资源服务业发展历程及现状

（一）发展历程

我国人力资源服务业起步于20世纪70年代，并在90年代开始快速发展。1992年，党的十四大正式提出了"建立社会主义市场经济"的目标（人力资源和社会保障部，2019）[19]，同时我国进一步加快了人事制度改革，初步建立起社会保障制度，推动了人才的流动。2001年，我国正式加入WTO以后，大量的国外人力资源服务机构进入我国发展，我国的人力资源服务机构规模也在继续扩张，并开始向二、三线城市延伸。2002年，国家颁布的《2002-2005年全国人才队伍建设规划纲要》，首次提出了"实施人才强国战略"，并提出"建设人力资源强国""建立统一、规范的人力资源市场"，这为新时期人力资源服务业的发展提供了明确的指导方向和强大的推动力。2007年出台的《国务院关于加快发展服务业的若干意见》（国发〔2007〕7号）中，明确提出要"大力发展人力资源服务业"。2008年正式施行的《中华人民共和国劳动合同法》和《中华人民共和国就业促进法》，进一步为人力资源服务业的发展提供了法律和政策的支撑，特别是《就业促进法》的出台和实施，首次在国家层面明确提出了"人力资源市场"的概念。2011年，国家发改委发布的《产业结构调整指导目录（2011年本）》（发展改革委令〔2011〕第9号）正式将"就业和创业指导、网络招聘、培训、人员派遣、高端人才寻访、人员测评、人力资源管理咨询、人力资源服务外包"等列入了国家鼓励类产业目录（田永坡，2019）[20]。2018年，国务院颁布实施的《人力资源市场暂行条例》是我国人力资源服务市场领域的第一部行政法规，这一条例从立法的角度明确了国家促进人力资源服务业发展的法定职责，为人力资源服务业的发展营造了良好的市

场环境（国务院，2018）。此外，从 2007 年至今，国家陆续出台了多项文件鼓励和支持行业的发展，并对我国人力资源服务业的发展做出了专门的部署，我国的人力资源服务业开始横向整合和纵向扩张，初步形成多维度、多层次的服务体系。

（二）发展现状

随着国家产业结构的调整，各类企业和组织对人力资源服务的需求逐年增加，专业化分工开始不断深化，人力资源服务业的发展规模得到了进一步扩展；同时，人力资源服务行业链也日趋完整，其服务的内容基本覆盖了从员工入职到离退休的整个职业生命周期。

2015—2021 年，我国人力资源服务机构数量迅速增长，期间年均复合增速为 13.84%。根据人社部数据，2021 年年底全国共有人力资源服务机构 5.9 万家，同比增长 28.8%。从服务机构类型看，2021 年，我国人力资源服务机构以民营性质的人力资源服务企业为主，占比达 78.1%；其次是公共就业和人才服务机构，占比 13.4%；其他类型的机构占比不足 5%。2015 年，我国人力资源服务行业营业收入（宽口径）仅 0.97 万亿元，2021 年实现总营收 2.5 万亿元人民币（宽口径），同比增长 25%，2015—2021 年复合年均增长率（compound annual growth rate，CAGR）为 17.09%。在 2021 年全球人力资源服务机构排行榜中，有 10 家机构稳居前十，中国的中智排名第 4。总体来看，我国人力资源服务业在短短几十年的时间里高速发展，政策体系不断完善，行业规模大幅度增长，人力资源服务园区也在不断建设、发展和完善。总体来说，我国人力资源发展现状具有如下特征。[9]

1. 灵活用工与灵活就业等模式逐渐多元

在疫情防控常态化的背景下，灵活用工、线上服务等就业形态能更好地解决人力成本高涨和业务规模扩张间的矛盾，成为吸纳就业、增加群众收入的重要渠道。2020 年 7 月 31 日，国务院办公厅出台《关于支持多渠道灵活就业的意见》（国办发〔2020〕27 号）强调，个体经营、非全日制以及新就业形态等灵活多样的就业方式，是劳动者就业增收的重要途径，对拓宽就业新渠道、培育发展新动能具有重要作用。2021年5月4日，李克强总理考察中国宁波人才市场时指出，我国灵活就业人员已达2亿多人，对经济社会发展特别是服务业发挥了重要作用，总体来看，灵活用工对劳动者就业薪酬途径、保持自身向上发展具有不可忽视的作用。

2. 政策开放与企业走出去进程继续加快

从政策端看，为贯彻落实2021年1月1日实施的外商投资法精神，人社部对《人才市场管理规定》《中外合资人才中介机构管理暂行规定》和《中外合资中外合作职业介绍机构设立管理暂行规定》三件部门规章进行专项修订，取消了申请设立外资人才中介机构、职业介绍机构必须中外方合资者都有三年以上从业经验的规定；取消了外方投资者出资比例不得低于25%，中方合资者出资比例不得低于51%的规定；取消了不得设立外商独资的人力资源服务机构的规定。新修定的三件规章进一步降低了外商投资人力资源服务机构审批门槛，简化了审批程序。将设立外资人才中介机构、职业介绍机构的审批权限由省级调整至县级以上人力资源社会保障行政部门；取消了外资人才中介机构、职业介绍机构须经商务主管部门批准的规定；取消了外资人才中介机构、职业介绍结构设立分支机构、增加或者减少注册资本、股份转让、股东变更事项须经原审批机关批准的决定。从产业端看，2020年，我国对外劳务合作派出各类劳务人员30.1万人，较上年同期减少18.6万人；其中承包工程项下派出13.9万人，劳务合作项下派出16.2万人。2020年年末在外各类劳务人员62.3万人。虽然2020年受疫情影响，走出去暂时受阻，但从趋势看，近年来我国对外劳务合作规模总体保持平稳，劳务合作项下外派人数和在外人数占比略有上升。

3. 技术创新与技术升级进一步加速

疫情的出现在一定程度上倒逼了人力资源服务的业态调整和技术升级，在疫情防控要求下，线上招聘、线上培训模式得到较快发展，人力资源服务企业的线上服务技术和管理能力得到大幅提升，资本、产业、市场正在大规模地向人力资源数字化应用集聚。随着互联网、人工智能、大数据、区块链等信息技术的广泛应用,人力资源服务业中招聘手段与招聘方式快速变化,社交短视频正成为传统招聘模式的补充,大量工作将由人工智能替代。此外,借助移动互联网和信息技术,新兴业态不断涌现,众多"新职业"迅速孕育,如人工智能、物联网、大数据、电子竞技、无人机驾驶、带货主播等相关岗位从无人问津到广受追捧。

(三)Q市人力资源服务业发展现状

2021年,Q市人力资源服务业营业收入达到364.8亿元,服务用人单位53.5万家次,帮助实现就业、择业和流动230.6万人次。统计数据显示,2021年1—9月全市实现服务贸易进出口982.5亿元,同比增长50.6%,占QL省的53.3%,稳居全省首位。并且表现出如下特征。[10]

1. 产业规模持续增加,业务范围不断拓展

Q市高度重视人力资源服务业的发展,坚持以市场为主导,集聚了一批专业化、国际化、高端化的人力资源服务机构,形成了较为完备的人力资源服务链条,已成为环渤海地区重要的人力资源服务供给地。近年来,全市人力资源服务业保持高速增长。截至2021年年底,Q市各人力资源产业园区已吸纳万宝盛华、众腾人力、上海外服、锐仕方达、智联招聘等60多家知名人力资源服务机构入驻,构建了多层次、全方位的产业服务链条,累计实现营业收入364.8亿元,为国内、国际配置就业岗位8万余个,服务客户近十万家,为数十万员工提供了全方位人力资源服务。与全国同类型产业园相比,Q市国际人力资源服务产业园具有多方面明显优势。产业集聚方面,产业园入驻企业数量高于武汉、广州、海峡等国家级园区;经济效益方面,营收高于烟台、长春、济南等国家级园区;税收贡献方面,上缴利税高于西安、北京、烟台等国家级园区。

Q市人力资源服务业务逐步向新兴业态发展,重点支持以移动互联网为应用基础的人力资源服务贸易新业态的研发和发展,业务范围逐步向上合组织成员国、"一带一路"沿线国家延伸,全覆盖至日本、韩国、澳大利亚、新西兰等区域全面经济伙伴关系(Regional Comprehensive Economic

Partnership，RCEP）15 个成员国。有锐仕方达、国际猎头组织（National Personnel Association）NPA 成员基业百年等提供的猎头服务；有与职业院校合作，致力于海外人才输出的原子青软等提供的培训服务；有众腾人力、QL 元田等提供的海外劳务外包服务；有万宝盛华等提供的国际咨询服务；有罗高仕、原子咨询等提供的"互联网 + 人力资源"服务；有易佳盈通等提供的专业化国际资格认证服务；等等。

2. 政策体系日趋完善，运营管理水平不断提升

2021 年，QL 省及 Q 市先后出台了《QL 省"十四五"人力资源服务业发展规划》《Q 市全面深化服务贸易创新发展试点实施方案》，为 Q 市未来五年重点面向"一带一路"沿线国家、上合组织国家、日韩拓展新型服务贸易发展的领域，打造人力资源服务贸易新的增长点指明了方向。Q 市还对经认定的人力资源等特色服务出口基地给予 100 万元的一次性奖励。为促进人力资源服务业对外开放，提出实施更加开放的市场准入制度，允许国外人力资源机构在 Q 市独资经营。日益完善的政策扶持体系，为 Q 市建设北方人力资源服务业新高地、建设国家人力资源服务出口基地培植了优渥土壤。

产业园采取了政府引导、市场化运作的方式，组建了产业园管理指导委员会，统筹指导、协调产业园建设及管理，引入上海博尔捷集团运营管理园区。同时，产业园积极开展各种国际交流活动，有效促进了人力资源服务机构的国际经贸往来，先后举办了"一带一路中国–阿联酋经贸与投资高峰论坛暨企业家洽谈会""抢抓 RCEP 机遇，引领新发展格局——中国 Q 市人力资源创新高峰论坛"等各类活动 160 余场，与北京、上海、重庆的人力资源服务产业园及全国省级人力资源服务协会联席会签署了战略合作协议，先后荣获中国人力资源服务产业园最佳平台建设园区、最具经济活力园区、QL 省现代服务业集聚示范区等 10 余项荣誉，成为 Q 市推动人力资源服务产业发展的核心引擎。

3. 国际交流合作不断推进，社会影响力逐步提升

Q 市坚持平台思维，积极搭建国际交流合作新平台，建设了面向日本、

韩国、德国、以色列、上合组织国家的一批"国际客厅",先后成功举办跨国公司领导人 Q 市峰会、亚欧创新发展论坛、上合组织国际投资贸易博览会、世界韩商大会、"一带一路"能源部长会议、中国 Q 市人力资源创新高峰论坛等一系列重大会展活动。连续十次入选"外籍人才眼中最具吸引力的中国十大城市";2 个省级人力资源服务产业园面向俄罗斯、印度、马来西亚、印度尼西亚等上合组织国家和"一带一路"沿线国家,开展涉外招聘、派遣、高级人才寻访、培训等人力资源服务的贸易总额达到 10 亿元左右。

2021 年,Q 市成功举办"第十七届中国人力资源服务业高峰论坛、首届中国(Q 市)RCEP 人力资源服务产业发展峰会、2021 亚太人力资源开发与服务博览会",并首次发布《Q 市人力资源服务业白皮书》。2021 年,Q 市国际人力资源服务产业园成功获批 QL 省首个人力资源行业现代服务业集聚示范区。

二、我国人力资源服务业当前存在的问题

(一)全国层面的问题

1. 行业政策法律法规尚不完善

虽然人力资源服务业发展受到国家的高度重视,国家还出台了一系列政策性文件,但是涉及人力资源服务业相关的政策、法律法规依然不完善,还需进一步细化和深化。尤其是新经济时代不断产生的新变化和新实践也对行业政策、法律法规的完善提出新的诉求。为此,不仅需要结合时代发展的要求来出台新的政策法律法规,还要保证其能够有效"落地"执行,才能保障行业经营环境健康发展,并维持行业可持续发展。

2. 行业业态和区域发展不均衡

由于我国一直存在区域经济发展不均衡的问题,导致全国范围内的人力资源服务业发展也存在不均衡状态,其中东部沿海地区由于经济发展对

于劳动用工需求较大，对于人力资源服务业务的需求也相对较大，这促使大量的人力资源从西部流向东部。北京、上海、广州、深圳等重点城市和沿海省市的行业发展速度较快，新兴中高端业务发展迅速，其他地区行业发展水平则存在不同差距。

3. 行业服务质量有待提高

目前，我国人力资源服务机构数量较多，规模普遍偏小，分布较为分散，加上行业内缺乏准入门槛限制和统一的服务标准，导致服务质量和水平参差不齐。我国尚未形成系统化的人力资源服务专业培养体系，从而造成行业人才供给不足。尤其是在新型中高端业务方面，从业人员缺乏相应的专业知识技能，能力素质水平和服务质量参差不齐，难以提升行业服务质量。

4. 行业发展面临时代挑战

随着全球经济、社会、政治环境的日益复杂，人工智能、自动化技术、大数据、云计算等新兴技术加速发展，正在改变全世界的劳动用工模式，诸多企业纷纷面临变革转型重塑的挑战。为了降低用人成本，减少用工风险，实现效率最大化，企业更加倾向于将企业内部的人力资源管理职能模块外包给专业的人力资源服务机构，这对于我国人力资源服务业来说既是挑战也是机遇。

（二）Q 市人力资源服务面临的问题

1. 业务模式的创新水平需要不断突破

总体而言，Q 市人力资源服务供给依然集中在基础性传统型业务如招聘、职业指导、人力资源外包和劳务派遣等方面，服务的层次和技术含量偏低，因此 Q 市人力资源服务业创新发展步伐还需要不断加快。政府和园区要鼓励和支持科技类人力资源服务企业加大研发投入力度，引导高级人才寻访（猎头）类企业快速发展。实现人力资源服务贸易与大数据、云计算、人工智能、移动互联等新一代信息技术的深度融合，重点培育扶持若干家具有国际竞争力的行业领先猎头公司，推动区域整体人才招引水平达到新高度。

Q 市应积极引进入选世界 500 强或国内外知名人力资源服务企业，加大力度培育规模以上人力资源服务机构，扶植有上市潜力的企业，实现人力资源服务企业上市企业的突破。

2. 生态体系的建设力度需要不断加大

Q 市要加快建设统一开放、竞争有序的人力资源市场体系，健全完善人力资源服务产业政策法规体系、诚信服务体系、服务标准体系，形成平等竞争、集聚发展、行业自律、政府监管、国际认证的优质发展环境。同时要与 Q 市特色产业如智能家电、轨道交通装备、新能源汽车、高端化工、海洋装备、食品饮料、纺织服装等充分融合，实现"人力资源服务＋战略"，为 Q 市产业高质量发展提供人力资源支持。

各人力资源产业园区需要完善入驻企业准入与退出机制，优化园区产业发展生态圈。强化园区功能作用，进一步释放产业集聚发展后的行业引领作用和产业倍增效应。重点实现入园企业的中高端培育和孵化，打造人力资源服务产业发展生态圈，注重行业发展上下游产业链完整性，丰富产业园区的业态结构，形成以人力资源服务为核心的生态产业链和优质产业集群。

3. 产业的国际化程度需要进一步深化

Q 市的人力资源服务业要深度融入全球人才链、产业链和创新链，培育具有国际影响力的人力资源服务本土品牌。一方面，要大幅增加相关企业在境外设立人力资源分支机构，服务人数和服务用人单位，实现人力资源服务进出口贸易阶段性突破。另一方面，要加大对国际知名企业和品牌的招商引资，在外资外企的准入方面适当放宽条件，提升 Q 市人力资源产业园的国际化程度和知名度。

Q 市应继续深化与"一带一路"沿线国家的人力资源产业合作，通过设立子公司、并购当地公司或入股等合作方式进行战略布局，积极拓展海外业务，主动参与国际竞争。加快建立业态多元、特色突出、基本覆盖"一带一路"沿线及 RCEP 区域国家的国际化人力资源服务网络。

第二节 数字经济时代的人力资源服务业

一、数字经济时代人力资源服务市场的变革

（一）数字经济时代的工作关系变革

随着数字经济范式的不断发展，人类的工作关系也受其影响发生着变革。首先是工作任务或技能之中出现了云计算、大数据、移动社交、人工智能、物联网、机器人、GPS、区块链等数字技术的要求；然后出现了一个完整的数字岗位；之后又出现了一个以数字为业务的企业，从而扩展到行业；最终发展成为数字经济范式或形成数字文明。

1. 工作岗位的解构

随着数字经济的发展，岗位职责正在不断解构为微小的工作任务，工作计量单位不断缩小精确。当下的人才选拔都是基于一个"岗位技能集"，而"岗位技能集"正在解构为不同的单一技能，每一个技能指向一个"工作任务"。工作岗位的进一步解构促使企业内员工的分工进一步细化，逐渐要求员工在某一方面具有卓越的技能才能胜任某一岗位。

2021年对QSN区、QSB和QLS区三个辖区相关企业人才培训项目的调研发现，很多企业对员工的培训已由"业务模型导向"转向"能力清单导向"，一些重点的人力资源培训机构开始研究每个岗位的能力体系。针对工作岗位的不断解构，很多人力资源服务机构推出微培训项目，如金前程智力科技集团基于当下最流行的微信移动端技术开发，采用体系化的课程、专业化师资、短小精炼的课程形式为受训者提供最有效的培训方案。

2. 工作空间的分离

由于数字技术的发展使得我们没必要在现场工作，人与组织在空间关系上发生了分离，传统的集中于雇主场所的工作形式开始走向分布式工作形式，主要体现在在家办公和在线随处办公。数字技术带来便捷的同时，

也产生了一些新问题。虽然人与组织在空间上发生了分离，但时间上却无法将生活与工作分开。

数字技术的发展使得工作内容模块化、层次化和元素化。2021年，在Q市人力资源和社会保障局的调研中发现，越来越多的人力资源服务需求企业（甲方企业）把工作分门别类，把工作内容切分成相对独立的一些模块，然后根据模块的特点和重要性来采用不同的处理方式，高效地把工作做好。2020年以来，Q市有约60%的白领表述使用过远程办公，位于Q市高新区科创慧谷内的Q市区某创新科技股份有限公司，依靠自主研发的远程办公系统成为业态的创新典范。

3. 工作时间的降维

传统的工作时间长度与配置模式是工作时间8小时以及固定的上下班时间，这是一种非人性化的工作模式。现在随着数字技术的发展，这可能不再是主流的工作时间长度与配置模式。取而代之的将是基于1小时乃至更小的时间长度为单位的、更加自由随意的工作交易模式。即便是雇佣关系模式，也将会有更加灵活的工作时间配置形式。工作时间弹性化有利于雇员灵活安排个人时间，有利于组织根据客观环境灵活调整人力资源策略，也有利于促进就业，为社会经济带来积极影响。智联招聘Q市负责人的管理人员谈及Q市用人企业开始提供各种弹性化的工作岗位，很多企业承诺leader（领导）以上员工实施弹性工作制，能力出色的员工可直接申请弹性工作制，工作时间自由，法定节假日正常，不鼓励加班，鼓励工作做完即下班。

4. 管理组织的解体

数字化时代，企业借助数字化网络实现水平分工管理，形成以模块化、大规模定制与外包生产为基础的水平型跨国生产体系，并且通过垄断产品标准牢牢地锁定客户群体，形成一个集科层组织、管理工作外包、管理职能企业化、平台链接于一体的新管理交易综合体。数字技术的应用和新模式、新业态的出现，不断推动各领域进行相应的组织管理变革，逐渐打破组织内的层级结构、组织壁垒，以及组织内外部边界，形成平台化、社会化的新型组织，改变和重塑传统的经济社会结构，提升企业治理水平。

著名企业海尔集团近几年来一直倡导打造无边界组织，倡导企业平台化、员工创客化和用户个性化，化身无边界的平台企业使得海尔集团不仅具有资源汇聚上的优势，同时也使其具备了对不确定环境的高度适应性。

5. 雇佣关系的分化

随着数字经济的发展，组织之间的边界逐渐消弭，越来越多的企业开始注重外部人力资本，扶持内外部个体在平台之上和生态圈内自我激励、高效协同，企业与员工之间由传统的雇佣关系变为合作关系。企业与员工雇佣关系的分化既可以敏捷应对市场和客户日益快速的变化和需求，又可以通过资源整合实现生态圈整体利益最大化。在新兴雇佣模式下，很多人是自由职业者、电脑程序员、工程师等背景不一的知识工作者，他们领取的是合同规定时间内按照项目支付的报酬，而不是按期结算的工资。

Q 市人力资源和社会保障局 2021 年对 Q 市地区人力资源需求企业的调研发现，50% 以上的企业都采用了灵活用工的方式。在 Q 市蓝海人力资源有限公司、Q 市世纪通运集团有限公司、Q 市英航人力资源有限公司开展的招聘活动中，已经明显发现灵活用工市场开始从家政类、酒店服务人员、保安等纯劳务类向技术工种、智能制造类工种拓展，整个灵活用工市场开始呈现出供不应求的局面。

（二）数字经济时代人力资源服务业供需市场变革

1. 人力资源服务市场需求侧变革

从市场的需求侧看，人力资源服务市场需求发生了巨大变化，已从人力资源传统业务向智能及高端的数字化业务转型。即使是极小的公司，其人力资源管理也正在转向数字化。相关研究显示，国际上 52% 的公司正在重新设计其组织以实施数字化商业模式，56% 的公司正在重新设计其人力资源管理计划以利用数字化和移动工具，41% 的公司正在构建移动应用以提供人力资源服务。

对 Q 市相关企业的调研显示，未来两年，多数企业计划在职能部门内进一步推广机器学习、人工智能和预测分析等工具。例如Q市联通公司的管理人员提及信息产业发展亟须大量数字化人才，公司围绕"1+8+2"战略规划体系亟须大量的涵盖大计算、大安全、大数据、工业互联网等方向相关人才。

2. 人力资源服务市场供给侧变革

从市场的供应侧看，智能面试、员工机器学习、员工服务机器人、智能简历筛查和人才画像等众多创新技术不断得到应用及发展；人工智能、大数据等技术和人力资源管理应用全面融合，区块链也将在背景调查、猎头、培训、招聘流程外包（recruitment process outsourcing, RPO）、员工激励、劳动合同存证等方面推动人力资源管理和服务转型升级。相关研究指出，86%的受访者表示数字化技术将从根本上改变人力资源绩效和服务交付方式，47%的受访者目前拥有人力资源管理数字化转型战略。

当前Q市的一些人力资源服务机构如锐仕方达（Q市）人力资源有限公司、北京外企人力资源服务（Q市）有限公司等也在积极布局数字化转型。在被调查机构中有30%左右的机构采用数字化薪酬建模，有10%左右的机构采用AI招聘与培训管理，有20%左右的机构采用敏捷化绩效管理，有15%左右的机构采用数字化员工自助服务，有5%的机构利用AI技术进行人才筛选，有5%左右的机构采用数字媒体进行沟通与微学习。

（三）数字经济时代人力资源服务市场的重塑

1. 人力资源管理科技成投资风口

截至2021年年底，在全球上市人力资源服务公司市值50强中，人力资源软件公司已占据7席。在全球遭遇前所未有的疫情影响、经济不景气的形势下，人力资源管理科技类别相较其他企业服务领域，仍然增势迅猛。Q市一些优秀的人力资源企业也开始探索科技赋能人力资源管理模式，例如锐仕方达凭借自主研发的人力资源智能系统（Risfond Network Search System, RNSS），重新构建了猎头与客户的关系，依靠科技创新实现了猎头、企业、中高端人才的三方共赢。

人力资源管理科技市场正处在投资风口，人力资源行业分析师乔斯·伯森（Josh Bersin）称，有1 600家以上的投资供应商参与人力资源管理技术上的投资。在过去的5年中，风险投资公司和私募股权公司等各路资金力图整合参与者以构建下一代人力资源解决方案，无数的风险投资公司和私人股本公司正在向人力资源市场投资，为全球3 000多家初创公司和中小提供商提供种子服务。

2. 国际科技巨头纷纷进场

人力资源管理科技市场的"蛋糕"吸引了众多国际科技巨头，随着市场发展，谷歌（Google）、微软（Microsoft）、脸书（Facebook）、国际商业机器（IBM）、思科（Cisco Systems）等巨擘陆续进场，人力资源软件和生产力软件之间的界限逐渐消失。科技巨头们都在努力寻找利用生产力系统来提供人力资源管理解决方案的方法。

2021年，人力资源管理软件巨头工作日公司以7亿美元收购丹麦的员工体验服务平台，持续加强员工体验平台；微软发布了员工体验平台（Microsoft Viva），这是一个突破性的员工体验平台，该平台在整体的体验中使员工在最佳状态下工作，将员工参与、福祉、学习和知识4个关键领域统一起来。

3. 国内大公司跨界进入人力资源服务市场

百度自2011年以来先后推出"百度人才"服务平台、"百度招聘"服务平台、"糯米平台"，主攻蓝领和兼职招聘市场。2016年，蚂蚁金服与北京外企服务总公司（FESCO）、德科（Adecco）共同投资打造的人力资源服务云平台——"人力窝"（WoWooHR）正式上线，其服务内容包括为中小企业缴纳社保等。腾讯在2019年年中便成立了人力资源管理科技中心开始研发人力资源管理科技产品，2021年3月，腾讯领投的法大大完成D轮9亿元融资，国内电子签名市场头部玩家已定格局，法大大将展现领先优势。金蝶软件（Q市分公司）在深耕财务软件的基础上也跨界进入人力资源管理领域，其搭建的人力云通过人力资源管理专业应用平台、多角色社交化的自助服务平台、开放的云端轻应用平台，为企业构建战略驱动、全员互联人力资源管理体系，从人力资源角度构建和提升企业核心竞争力。

4.行业龙头加速数字化转型

在企业端，Q市的人力资源服务龙头企业如北京外企人力资源服务Q市子公司、上海外服（Q市）人力资源服务有限公司、Q市米多多智能科技有限公司等均在加速数字化转型，并正在探索为其客户提供包含入职、考勤、薪税、招聘等模块的一体化人力资源管理软件服务解决方案。其中上海外服将2020年通过借壳上市融资的12亿元，全部用于"数字外服"转型升级项目，当前正在推进"三中心五实验室"（信息系统研发中心、数字科技创新中心、产品创新中心和物联网应用、人工智能应用、区块链应用、云计算应用、大数据应用五大实验室）的数字化项目建设。

在政府端，Q市正在探索运用AI、大数据技术支持政府有关部门及产业园区，推进"数字城市""数字中枢"及"互联网＋人社"方案，构建产业及行业人力资源共享服务中心。并通过搭建人力资源服务业的"产学研用"生态链，围绕Q市相关企业的人才引进需求，开展计算机、物联网、人工智能、通信工程等数字技能培训。

二、数字技术对人力资源服务业务的影响

（一）数字技术对招聘业务的影响

基于数字技术，网络招聘从简单的信息提供和工作撮合发展成为包括信息提供、人才测评、大数据分析等在内的劳动力供需匹配服务体系。由于"数字化"招聘、求职需求持续增大，一批"数字化"招聘平台相继涌现，有效支撑劳动者求职与企业招聘。

当前数字化已成为驱动招聘交付效率提升、解决行业里"无用功"现象的重要手段，是人力资源服务行业的未来发展方向。首先，针对招聘流程，通过员工、客户、管理和服务的在线化，解决了工作重复、人工浪费的问题。

其次，借助内部市场化方式，通过人力资源系统信息化，将积分与员工的绩效、晋升挂钩，调动招聘交付企业员工的积极性，通过决策激励解决协作和配合性问题。最后，借助大数据、标签对比等智能化技术可实现多个环节的人力替代及辅助决策，通过提供云端人员满足企业多元场景用工需求，助力企业实现降本增效。

2021年，Q市诸多人力资源服务企业积极探索网络招聘、在线考试、在线测评等服务，例如智联招聘使用"直播招聘"解决跨地域求职招聘的难题，使用智联在线考试服务的企业已超千家。据不完全统计，Q市涉及员工招聘的人力资源企业有70%以上不同程度地采用了在线招聘的方式，并且表示未来将以此作为一种主要的招聘方式和渠道。

（二）数字技术对培训业务的影响

首先，在数字时代，职业培训中新技术的采用将更加广泛。政府、组织和个人的学习发展战略必须跟随技术变化而改变，以应对新挑战。职业培训需要采用现代工具和技术，使劳动者以更有效的方式进行学习提高。

其次，数字时代的课程体系会更加微型化、碎片化、定制化、趣味化。传统的课程体系设计，大多是通过面对面的一系列课程或一整天的课程传授知识或技能。学员不仅无法记得所有细节，而且很难掌握课程精髓。受训者期望并需要更有针对性、可以随时参照学习的职业培训平台，以适应其工作环境，并满足其工作角色和职能的特定需求。

最后，数字时代，社会化学习的方式越来越普遍。越来越多的公司正在使用灵活雇工和分布式劳动力。在员工无法集中或集中难度很大的情况下，企业必须采用网络进行学习和交流，数字平台为组织成员提供了无缝交换思想的场所。

2021年，Q市诸多人力资源机构如富颖海人力资源服务有限公司、仁信通人力资源有限公司、凯诚众合人力资源有限公司等都纷纷搭建数字平台，推动"互联网+技能培训"转型。作为官方单位，Q市人力资源和社会保障局联合市民营经济局也积极探索在线培训，在线开展了Q市人社政策法规"云课堂"多期企业工资政策专题宣讲活动。

（三）数字技术对服务外包业务的影响

数字经济时代，人力资源外包服务的核心内容由传统的雇佣朝着合作的方向转变着。这类新型的合作关系的出现，不仅使得外包服务机构的人力资源更加广泛，进而有效地提升了自身的服务能力以及服务效率，所涵盖的业务范围也逐渐变得更为广泛；还使得企业在雇用人员时不得不采用这种新型的用人方式，进而将企业内部的人力资源管理变得更加数据化。

在"数字化"场景下，人力资源外包服务效能明显提升。第一，是从经验式工作方法到数据智能分析的跨越。在过去，传统的人力资源服务业大多基于从业人员的工作经验，随着数据化、人工智能等信息技术的应用，逐步向数智化分析提炼转变。第二，是从基于流程的管理思路向数智化职责赋能转变。随着大数据、云计算、智能化等的发展，从市场需求侧看，企业对 AI 互动员工最佳体验、数智化敏捷学习生态等产生极大的预期需求。第三，是从传统人力资源管理向数智化人力资本管理转变。

过去的人力资源管理基本是基于六大模块开展的，但在未来，人力资源管理将会逐渐向数字化、智能化转变。数智化的人力资源管理强调人才"不求所有、但求所用"，通过提供人才供应链管理、知识管理、人力资本地图等全方位、数智化的高效管理方法和技术，促进人才的增值和配置，解决企业人力资源管理难题。

以北京外企人力资源服务 Q 市子公司、上海外服（Q 市）人力资源服务有限公司、锐仕方达（Q 市）人力资源有限公司等为代表的诸多企业，近年来充分利用先进的数字技术，不断提高人力资源服务外包的信息化水平，这些优秀企业通过搭建数字平台将不同业务模块之间的数据信息互通和共享，提高数据分析和处理能力，为用户企业提供高品质的外包服务。

三、数字化经济对人力资源服务业发展的新要求

（一）对人力资源服务企业的要求

1. 服务结构智能化

当下科技的飞速发展为数字技术提供了坚实的基础和保障，人力资源服务机构在人力资源服务模式的完善过程中更应该依靠大数据技术和云计算等技术，来确保科技和人能够更有效地融合。

Q 市的人力资源服务机构应该在相应的服务结构智能化的过程中，充分依赖数字科学和技术，比如通过各类数据库以及信息化工具的使用来达到管理成本的降低，工作效率的提升等。应加快转型为注重人工智能和互联网的工作模式，比如"互联网＋招聘""互联网＋社保""互联网＋服务"等工具的使用。在人力资源服务产品的创新中，应积极引入云计算、区块链等新兴技术，通过大数据、人工智能等方式为用户提供高价值、高体验的人力资源服务。

2. 服务领域扩大化

数字经济时代下，企业对人力资源服务的需求更加复杂化和多样化，当前的人力资源企业应该加大创新力度，从商业模式、产品研发和服务改善等多方面探索数字化创新，为客户提供高匹配、全方位的人力资源服务。

在数字经济蓬勃发展、人力资源服务市场竞争日趋激烈的情景下，Q 市的人力资源企业应该与企业部门、行业协会、高校科研机构密切合作，提升对人力资源市场的了解程度，掌握行业的最新动态，充分利用各种数字化技术，根据人力资源市场的发展趋势，全方位地整合各类资源，创新人力资源服务产品，扩大人力资源服务范围，进一步提升自身的价值和竞争力。

3. 服务模式精细化

数字经济时代，企业的工作岗位不断解构和充足，对各类人才的需求更加专业化，因此对人力资源服务的需求也更加精细化，大规模批量式的

人力资源服务将无法满足客户需求，小批量定制化的人力资源服务将成为主流。

为了进一步提升Q市人力资源服务企业的市场占有率，打造人力资源服务品牌城市，Q市人力资源服务机构应该在服务模式上积极革新，不断进行工作和责任细化，在细化过程中，应当设立起一定的客观标准，首先要进行群体定位，细化服务点。比如，兼职招聘、高端人才招聘、海外人才招聘等应当划分在不同的维度，并且通过不同客户的实际需求来设定更为合适的服务标准，能够更好地进行服务环节细分，提升客户的满意度，达到市场扩容，以此扩大市场竞争优势，获得价值最大化的产业链。

4. 服务模式丰富化

数字经济时代，随着管理组织边界的模糊化，雇佣关系的多元分化，要求人力资源服务机构必须能够提供多品种、多样式的服务，随着员工在人力资源管理过程中主体地位的不断提升，要求人力资源服务机构必须能够提供丰富多样的服务模式。

Q市的人力资源服务企业应该乘势数字技术的发展之势，考虑引进体验式服务、一对一专人服务、自助式服务等多种方式丰富服务模式。通过体验式服务满足客户企业员工的多样化需求，进而促进其行为模式的转变；通过"一对一"专人服务为客户以及特殊化服务客户提供最具个性化的服务，更好地根据企业的发展状况来制订相应的解决方案；通过自助式服务满足企业和员工个人需求，发挥其主观能动性，增强人力资源服务的精准性和匹配性。当前各类人力资源服务机构应该利用数字平台、数字技术充分发挥各自的优势，为用户提供丰富的服务模式。

（二）对人力资源产业园区的要求

1. 搭建数字化人力资源公共服务平台

Q市各人力资源产业园区应该按照智慧园区软硬件设施要求，加快搭建延伸公共服务平台，将服务审批、工商、税务、人才、科技、产权、出入境等部门引入产业园设立服务窗口，为企业提供企业注册、税务变更、出入境服务、商务咨询、物业物流等智能化服务。应按照专门服务要求，大力引入社会商事业务代理服务机构、咨询服务机构等，为园区提供市场化的增值服务；引入外包服务机构为产业发展提供宣传推广、招商引资、扶持发展等服务，搭建体现政策集成、管理集约、服务集中的智慧化综合管理服务平台。

2. 搭建数字化人力资源创新创业平台

Q市的人力资源产业园区，尤其是作为"一核"的QSB区国际人力资源服务产业园区应打造人力资源发展创新创业先导区、试验区，提供便捷化、专业化、社区化的创新创业环境，建设人力资源服务技术创新孵化平台，促进在线注册登记、在线申报纳税、在线申请审核融资等功能的便捷化，形成集创业服务、资本对接、市场推广等于一体的智慧创业空间。

各园区应建立便捷高效的商事服务机制，给予专项资金支持，促进金融机构、各类创业风险投资机构进入园区，与园区内人力资源服务项目对接，降低创业门槛，促进中小人力资源服务企业的发展。应鼓励培育孵化，为人力资源服务企业打造品牌创新、业态创新、产品创新、技术创新、商业模式创新的试验基地，鼓励发展大数据、云计算、"互联网＋人力资源服务"等新技术、新领域。

3. 搭建人力资源数字化服务平台

各园区应借助智慧园区云服务平台，在园区内部建立与外部网络服务对接的共享开放平台，实现内外融合发展，营造高速、开放、共享的信息服务环境，构建智慧化园区。

各园区应构建智慧化运营模式，整合前后台物业，形成一体化管理服务，在提供安保服务、公共服务、公共信息利用、公共资源使用、物业管理等方面，为企业创建更好的服务经营环境。应建立用户数据智能服务管理，通过大数据采集、挖掘分析，对整个服务行为、过程、结果进行数据化、个性化处理，将大数据与各种资源相互融合，使资源能够更全面地得以整合利用，进一步驱动服务优化与升级。

4.搭建对外合作交流数字平台

Q市人力资源产业园区应搭建与Q市周边5市产业园区的交流平台。在发展规划、管理服务、产业政策、园区发展、市场开发、素质提升、技术研讨、发展交流、信息互通、开放合作等方面，建立合作共享的信息化平台。

Q市应协同周边5市搭建产业园与京津冀、黄河流域和粤港澳大湾区、黄河流域和长江流域经济带等战略的对接发展，瞄准国家级战略导向，在推进人员跨区域流动中，打造园地合作智慧化信息共享服务平台，破解就业中的市场错配、信息不对称等问题，为解决大学生就业难、企业招工难等难点服务。

Q市国际人力资源服务产业园区应搭建产业园与国际人力资源、引才机构的交流对接。面向国际，特别是面向"一带一路"国家的枢纽城市或企业，依托信息网络与"一带一路"国家广泛开展的技术合作、信息共享、人文交流、经贸服务合作等，构建对外联系的开放、合作的网络空间。打造对外合作的综合性、一站式信息展示平台、交易服务平台和电子商务平台，使产业园成为人力资源服务对外合作的信息枢纽、合作枢纽。

（三）对政府相关部门的要求

1.优化战略产业结构布局，打造数字化生态

在数字化技术的驱动下，Q市应根据区域经济特点，结合产业结构实际，对人力资源服务业进行战略性产业布局调整，构建行业标准，整合不同规模、层次和类型的人力资源服务机构，通过数智化技术应用，实现"政府＋平台＋产业"的发展模式，促进区域人力资源服务机构的优势互补，集聚发展，形成多元化、多模式、全覆盖的人力资源服务产业链体系。

通过加强数字化基础设施建设，形成运维运营、安全体系和数字产业生态合作体系，针对积极参与人力资源管理数字化转型的企业制定专项扶持政策，对于相关企业和服务提供方进行奖励性补贴，并提供一系列优惠政策来推动企业上云。

2. 推动人力资源服务业的数据标准化和市场化

不断推动包括大数据局、人社、组织、教育、住建、科技、经信和市场监管等多部门建立人才数据资源整合的联动机制。促进地方政策法规和制度不断完善，包括行业数据开放、个人隐私保护、数据安全、数据开放平台隐私政策和开放许可协议等。针对人力资源服务业逐步制定全域统一的数据标准规范体系。

探索建立包括数据属性、利用目的、价值竞争、用户消费能力、应用场景和加工难度在内的多层次定价评估标准。鼓励有条件的企业建设数据资产评估中心，选择由免费、边际成本定价、成本定价、市场定价组成的数据付费体系。

聚焦人力资源服务业的市场主体、用户群体、监管机构等关注的重点问题，鼓励企业对开放数据进行挖掘、分析、加工处理，提高开放数据的价值，鼓励合法合规数据交易，培育数据资本市场。

3. 建立数字化示范应用，丰富行业应用场景

围绕人力资源服务业的态势感知、决策支撑打造创新示范应用。建设"人才产业地图"，聚焦新经济领域和战略新兴行业的中高端人才，通过产业维度进行人才分类归集和分布展示，构建产业园及功能区人才一张图、人才产业分布一张图、重点行业人才分布一张图。提供紧缺人才精细化分析系统，便于政府掌握相关产业的中高端人才的特征和最新动态。帮助政府进行高端人才招引留并助力其发展对应的产业，为政府相关部门进行产业规划提供数据支撑。

围绕灵活用工，中高端人才智力资源共享打造创新示范应用。建设"零工社区服务平台"，围绕产业供需特点，网罗各种专家资源，建立专家人才储备数据库。以共享经济模式与大数据先进技术建立智力资源共享平台，对企业在人力资源需求中遇到的困难高效匹配智力资源。通过多种大数据技术应用降低创新风险，整合线上线下资源为企业提供一体化服务。

第三节 后疫情时代的人力资源服务业

一、疫情防控常态化对人力资源服务业的影响

（一）疫情带来的挑战

1. 人力资源需求短期内难以完全恢复

后疫情时代，虽然大多数企业已经复产复工，但部分行业面临市场萎缩、资金不足的困境，不少企业因此倒闭，存活下来的企业也不得不缩小规模，通过裁员、降薪等方式降低运营成本，谋求生存。人力资源服务业是支撑型产业，企业人力资源需求下降对其发展产生了不利影响。首先，由于业务量下降，一批规模偏小、知名度不高的人力资源企业面临倒闭；其次，一些大企业趁机完成收购和兼并，市场份额迅速提高，人力资源服务行业的整体竞争水平提高，未来可能形成垄断和寡头；再次，基于降低成本考虑，企业对高级人才寻访、人力资源管理咨询等深层次、非必需服务的需求量可能下降，这将导致人力资源服务业态发展不均衡。

2. 部分服务无法得到正常开展

基于疫情防控的需要，部分类型的人力资源服务可能在短期内无法得到正常开展，这将导致工作效率下降和服务成本提高。例如，大型现场招聘会本是大部分人力资源服务机构开展服务的重要形式，但由于疫情防控限制大规模人员聚集，招聘会只能采取线上模式，这无疑增加了用人单位考察应聘者的难度，降低了人才与岗位的匹配效率。再如，在疫情防控要求下，更多鼓励职业培训线上教学，这必然导致培训质量下降。

3. 疫情对行业影响有差异

疫情对不同行业的影响主要包括四种类型：一是利好行业；二是疫情初期受到影响，后期逐步恢复；三是影响较小或者无影响；四是影响较大。利好行业主要包括游戏开发行业、在线支付行业、物业行业、证券保险行业、

工程设计行业等，利好行业占比为 8.96%。疫情初期受到影响，后期逐步恢复的行业主要包括汽车销售行业、净水行业、非生产原料性质工业用品行业（MRO 行业）、房地产行业、家电制造行业等，此类行业占比为 7.46%。受疫情影响较小或者无影响的行业，主要包括通信行业、电子信息技术行业、高技术服务业、服务外包行业、城市供水行业等，此类行业占比为 29.85%。受疫情影响较大的行业，主要包括线下批发零售行业、航空制造行业、汽车制造行业、自动化机械制造行业、汽车设计外包行业、快销品行业、银行业、建筑行业、商业服务行业等，此类行业占比为 53.73%。

（二）疫情提供的机遇

1. 人力资源服务更被市场认可

疫情对经济的影响，也在一定程度上催化了人力资源行业的发展。众多企业选择与人力资源服务企业合作，大胆采用新型的灵活共享用工模式，为企业劳动管理模式提供了新思路，减轻了企业负担的同时追求了企业的长期发展。在另一方面，灵活用工的模式，也同样为自由职业者提供了大量的工作机会，使得工作方式更加多元。在经济恢复发展的过程中，人力资源服务行业承担起了企业与员工间桥梁的作用，满足了市场的双向需求，是必不可少的角色之一。

2020 和 2021 年度，Q 市人力资源交流服务协会牵头，联合行业内有实力且有担当的百余家机构，共同组成行业战"疫"联盟，进一步发挥人力资源服务行业优势，加强工作联合，助力做好疫情防控和企业复工复产工作。

2. 线上服务快速发展

疫情期间，一方面企业面临人才流失，另一方面大量劳动力闲置待业，疫情防控又要求避免大规模人员聚集，在这样的矛盾局面下，线上招聘和培训服务获得了绝佳的发展契机。这次疫情加速了线上人力资源服务技术和管理能力的发展，在疫情防控常态化的背景下，线上服务可能成为未来人力资源服务业的主要形态。例如在线招聘和在线培训可以大大提高人力资源服务效率，如果实施得好，会帮助企业提高效率，同时在线服务不受地域的局限，人力资源服务企业只要服务质量好，可以在全国甚至全球拓展业务。

新情境促使企业变革，有利于人力资源软件业务拓展。很多企业的在线招聘或者在线培训需要相关在线软件，这就给人力资源软件业务发展提供了机遇，如人力资源在线招聘软件、在线人才测评和在线培训软件。Q市很多人力资源企业如FESCO为顺应数字化趋势、提高招聘中人岗匹配的效率和准确率，实现"线上化全流程、云上招聘、大数据处理分析、可视化效果呈现"的特色招聘服务。在当前大数据、人工智能、云计算等互联网技术的支持下，人力资源管理云软件可以实现企业人力资源预测、绩效薪资、灵活用工等全链人力资源综合管理，未来云软件业务将成为人力资源服务业中具有较大发展潜力的业务。

3. 用工方式日益灵活

近年来，企业对灵活用工的需求逐年增加，因为这一方式可以降低用工成本，提升资源配置效率。劳动力流动率维持高位，灵活用工发挥重要作用。在发达国家，每年人力资源流动率达到15%～20%。在欧洲，灵活用工已占到欧盟总就业人口的12.1%，在社会生活中发挥着重要作用。相比其他国家，中国灵活用工市场发展非常快速，疫情的暴发和互联网的高速发展，特别是移动互联网在国内高度普及使得灵活用工方式日益流行。灵活用工释放的是个体的空余时间与企业的弹性需求，传统的人工模式无法快速、批量地进行匹配。而移动互联网很好地解决了这一问题，大量的临时性需求和个人的空余时间可以通过其快速匹配。

疫情期间，恒晟源控股集团旗下的Q市笑如企服科技有限公司为了满足灵活用工市场的充分对接和精准匹配，搭建了笑如科技灵活用工平台，用工企业提交用工发放的需求，平台系统即可将相应的资金按照需求进行发放，平台可通过更便捷的方式，直接将佣金发放至用户的银行卡，省去了繁复的操作，提升了用户体验。

4. 服务外包需求量增加

由于用人用工需求的阶段性减少，疫情短期内会对 HRO 市场有一些冲击。但从中长期看，疫情也给广大的企业经营管理者们上了一堂风险管理课，在经济活动恢复后反而会催生更多的人力资源外包需求。外包使人力成本可变，这更加符合企业的预期管理要求。企业可根据需要将某一项或几项人力资源管理职能或非核心业务流程外包出去，以实现降低人力成本、效率最大化的目的。在 HRO 用工模式下，企业业务经营和人力成本变得更加灵活，更具弹性。

疫情期间，针对企业在线业务和电商业务的发展需求，Q 市龙飞达人力资源有限公司创新一站式客服外包解决方案、智能化数据管理平台、完善的服务质检体系、全天候无线化店铺监控，通过打造以客户为中心的客服外包服务生态，用高质的服务和良好的行业口碑，打造"服务外包新型"，受到众多电商的青睐，已经成为电商服务行业的品牌。

5. 行业迎来转型良机

疫情加大了企业与人才在空间上的距离，网络面试等新型招聘方式在疫情期间获得了绝佳的发展契机，这有助于加快人力资源服务技术更新，推动了人力资源服务业转型升级。Q 市的人力资源服务企业要重视数字化建设，提供各类"云"服务。新冠疫情将成数字化加速器，Q 市人力资源服务机构要把握数字化转型的方向，积极打通企业与数字经济时代的入口，把握机会，大力拓展各类线上服务模式，满足各类客户需求，打造更优、更便捷的线上服务平台和产品。

虽然常态化的防控措施导致一部分规模小、知名度低的服务机构彻底退出市场，但从另一个角度看，人力资源服务行业也得到了一次重新洗牌的机会，一部分服务效率低、服务方式落后的机构逐渐被市场淘汰，而那些能够与时俱进、不断调整服务形式、改进服务技术、顺应市场发展需要的人力资源服务机构将得以生存，并扩大市场份额。

二、后疫情时代人力资源服务业的发展趋势

（一）服务技术快速升级

疫情的出现在一定程度上倒逼了人力资源服务的业态调整和技术升级，推动人力资源服务行业的创新实践。通过进行线上服务内容实践，形成线上服务闭环，最大限度地减少线下服务接触。通过视频会议与客户进行前期的业务洽谈以及工作汇报和关系维护，减少驻场式服务。探索适合行业的灵活办公解决方案，协助企业客户和员工进行灵活办公，提供从灵活办公机制到办公软件的一体化解决方案，用方法搭配工具。加快线上培训服务形式的转变，厘清自身培训业务模式和核心竞争力，添加线上培训服务功能，加快线上培训服务能力的形成，为员工培训提供更多方式选择。

在疫情防控要求下，线上招聘、线上培训模式得到较快发展，人力资源服务机构的线上服务技术和管理能力得到大幅提升，资本、产业、市场正在大规模地向人力资源数字化应用集聚。随着互联网、人工智能、大数据、区块链等信息技术的广泛应用，人力资源服务业必将迎来大变革、大发展，最直接的变化就是招聘手段与招聘方式正在蜕变，社交短视频正成为传统招聘模式的补充，大量工作将由人工智能替代，扫码入职、线上招聘、远程培训等已渐成趋势，电话推销、打字、速记员、会计、客服、保安等低效率、基础性的人事工作将被人工智能替代，职场信任的颠覆性机制将逐步建立。

以上这些变化将导致人力资源服务由传统的模块化、流程化向场景化、平台化转型，人力资源服务业的边界被不断扩展和延伸，且随着"用户体验"日益被跨界应用到人力资源管理领域，人力资源管理的工作壁垒或将不复存在，边界也将变得越发模糊。此外，借助移动互联网和信息技术，新兴业态不断涌现，众多"新职业"迅速孕育，如人工智能、物联网、大数据、建筑信息模型、电子竞技、无人机驾驶、带货主播、青少年编程开发等相关岗位从无人问津到广受追捧，市场需求巨大，就业前景广阔，这也使得

新兴职业相关教育培训市场出现爆发式增长。

（二）服务业态优化调整

随着我国逐渐走出疫情影响，复产复工进程加快，企业对人力资源服务的需求开始回升。但企业对成本的管理将越来越严格，对人力资源服务业态的需求结构将发生变化。为满足市场需要，科技型、平台型人力资源服务机构不断涌现，行业发展的模式、产品、技术、市场等将加速变革。一是新经济形态导致雇佣模式发生变化，用工方式呈现多元化发展态势。居家办公、在线社交、线上娱乐等带火了"宅经济""云经济"。随着网络约车、共享单车、代驾、外卖、众包和众创平台、创业空间、车库咖啡等创新平台与服务的兴起，零工在线平台不断涌现，平台经济、零工经济和共享经济等快速成为新的业态。二是灵活用工成为常态并将持续走强，灵活用工能够解决人力成本高涨和业务规模扩张间的矛盾，不论是从规模还是从渗透率看，均有很大发展空间，预计到2025年，国内灵活用工市场规模将超过1 600亿元。三是人力资源服务高端业态发展态势仍然良好。经济质量的不断提高、高技术新业态的蓬勃发展、企业对优质人才的需求以及对人力资源投入的快速增加，使得市场对新型人才的需求更加旺盛，猎头公司的发展前景仍被看好，高级人才寻聘行业服务体系将逐渐成熟和规范。四是薪酬外包及类金融服务产品将更受欢迎。随着2019年税改与社保征缴体制改革的推进，薪酬职能发生变化，薪酬方案日益繁杂，"薪酬服务"迅速成为涉及人数最多、企业和员工均关心的热门话题，越来越多的企业倾向于接受来自第三方的薪酬外包管理服务及类金融服务产品。

当下，智能化生产、数字化转型又对企业的运营提出了新的要求，一种让企业真正实现"用人不管人，增效不增支"的最大人力资源管理效益的方法——IT人力外包，无疑是企业最合适的选择。IT人才外包就是IT人才外包服务提供商根据客户项目具体人员需求，将IT开发团队或个别人才驻场到客户现场进行软件开发，帮助客户及时完成项目，项目完成后这些IT团队会撤离客户公司，客户方只负责用人，IT外包员工的薪酬、培训、社保缴纳等都不需要负责的用人模式。

（三）服务机构加速整合

目前，人力资源服务行业内机构数量多且规模普遍较小，呈现出高度分散状态，主业同质化现象严重，缺乏品牌影响力和服务产品研发力量。这次疫情给许多中小微人力资源服务机构带来了不少打击，再加上国家按照内外资一致的原则，自 2021 年开始取消人力资源服务业外资准入限制，国外人力资源服务商可能会对国内人力资源服务市场造成冲击和挑战。且随着新技术的应用、新业态的产生，像滴滴、美团等互联网巨头跨界切入招聘市场，科技型、平台型人力资源服务机构将不断涌现，传统的人力资源服务机构将被并购整合。那些市场化程度高、创新能力强、规模较大的机构将继续保持市场优势，逐渐在赛道中脱颖而出。同时，随着区域协同发展的深入实施，人力资源服务机构将不得不重构战略部署，由城市间单点式的抢人大战升级为城市群之间的集团式人才竞争，需要从单一服务产品向招聘、外包、咨询、网络平台多元化综合性的全方位服务方向转变。

疫情后，企业对于人力资源外包的需求将大幅增加，综合实力强的机构能在市场上占据更有利的位置。随着服务业在资本市场占比扩大，一批具有规模优势、技术优势、品牌优势的人力资源服务外包企业将有更多的机会在 A 股、港股等资本市场融资，继而通过兼并和收购获得持续的外延发展，提升竞争力，促使行业集中度越来越高。

三、后疫情时代人力资源服务产业发展的新要求

（一）营造良好发展环境

1. 规范行业秩序，促进服务升级

作为一个新兴行业，人力资源服务业历史较短，行业内本身也存在竞争无序甚至恶性竞争、从业人员不专业等现象。突发的疫情和科技的应用共同促进了新型人力资源服务方式出现，如空中宣讲、直播招聘、简历智

能匹配、视频面试、在线测评、在线培训、电子合同等模式，这些新方式为求职者和用人单位提供了精准服务的同时，也带来了一些新问题，如求职者隐私泄露、收费标准不统一等。因此，相关部门需要在充分市场调研的基础上，加快完善人力资源服务业的行业规章制度体系，加强市场监管，制定完善的行业准入和退出机制。可以通过建立企业诚信档案、设定详细的奖惩机制，记录本市人力资源服务业的企业行为并定期进行公布，促进整个行业的和谐健康发展。

各相关行政管理部门应引导人力资源服务机构着力提升人力资源服务质量，提高社会对人力资源服务行业的认可度。一是提高人力资源服务行业准入门槛，出台具体、严格的服务标准，避免不良企业对人力资源服务行业整体形象的损害；二是鼓励行业加快科技与服务的融合，充分利用大数据、云计算等先进技术和手段，提高服务效率，降低服务成本。

2. 加强园区建设，发挥产业集聚效应

人力资源服务产业园是集聚人才、集聚企业、拓展服务、孵化企业、培育市场的重要抓手。通过聚集人力资源企业使之形成集群效应，并辅之以政策催化发展，不仅有利于本行业发展，还能有效提升区域技术效率，最终为相关企业提供有效的人力资源服务，助力经济发展。

Q市需要增强人力资源服务产业园集聚辐射功能，优化配套服务设施，更好发挥人力资源服务业在促进就业创业和优化人才配置中的作用。QSB区可以充分发挥园区行业集聚优势，启动人力资源网络平台搭建工作，组织本园区内各类人力资源服务机构，聚焦本区企业行业特色、重点人群就业需求及经营实际需要，打造出能够充分对接供需、市场覆盖全面、信息便捷可靠、有针对性的优质人力资源服务平台。为了满足自贸区中一些企业的国际高端人才需求业务，园区可以引进优秀的外资人力资源服务机构或者以中外合作的方式，提升Q市人力资源服务行业的国际化水平。

3. 充分发挥各类平台的作用

后疫情时代，伴随我国人口红利持续消退，劳动力成本不断提升，人才供需结构性矛盾进一步加剧，人力资源服务业的需求侧和供给侧都将发生显著变化，维护劳动者健康安全、保障重点群体就业、助力企业复工复产等成为后疫情时代人力资源服务政策的一条主线，同时也对我国人力资源服务产品和服务方式创新，以及加大放管服改革、优化和创新人力资源服务环境等提出了新要求。

Q市相关主管部门应引导人力资源服务机构坚持以保障劳动者健康安全和重点人群充分就业为中心，以行业龙头企业或区域品牌机构为依托，优化人力资源产业布局，重构人力资源服务产品和服务业态，搭建人力资源公共服务平台及行业技术应用平台，发挥行业商协会、人力资源产业园等平台作用，集聚行业技术优势，壮大和优化服务队伍，加大宣传表彰诚信示范典型机构和做法的力度，培育具有集成服务能力的跨国经营人力资源服务机构，全面提升人力资源服务能效。同时，要及时掌握人力资源市场供求信息变化，准确研判疫情对人力资源服务市场的影响，实现行业人力资源相关数据共建共享，为落实"六稳""六保"任务提供更好支撑。

（二）加速产业转型升级

1. 专业化与精细化

后疫情时代，人力资源市场的人员功能划分将更具备专业性，也加快了依赖于服务业生存的配套人力资源产业升级，更具备专业素养的劳务外包岗位及团队已经开始出现。而因疫情影响，服务业企业中具备一定技术要求的岗位被释放出来，短期无法弥补，则可以通过项目合作的方式进行弥补。如果合作项目成功，取而代之的是按照单次项目采购的人力模式，这样可以直接降低企业在"第二曲线"中投入的人力成本的风险。

未来人力资源服务行业的市场竞争格局将由过去"大而全"的综合性竞争转向"小而精"细分领域的深度竞争，行业垂直、地域垂直以及人群垂直将迎来更大发展机会，人才数据挖掘、自由职业者市场、老龄就业市场、"新蓝领"阶层、管理服务提供商（managed service provider，MSP）模式、人力资本金融、薪酬外包等细分产业将异军突起。为了满足市场个性化、多样性的需求，人力资源服务要重塑适应未来产业发展需要的人力资源服务业态，结合自身优势，在细分领域"精耕细作"，积累独特经验，通过服务对象的分化、服务产品的分工以及从业人员的专业化来体现人力资源服务的专业性，逐渐向高知识含量的专业化方向发展。

2. 网络化与数字化

疫情深刻改变了消费者的消费行为和沟通偏好，劳动力市场也将发生重大变革，"互联网+"和人力资源服务业的融合是大势所趋。人力资源服务机构需要把握数字经济发展机遇，顺应"互联网+"等数字技术应用趋势，加快开发数字化平台，合理设计服务产品，融合线上与线下服务，优化业务流程，满足市场新需求，推动人力资源服务产品、管理和商业模式变革。

本次疫情将倒逼企业的办公和运营方式发生较大的变化。视频会议、居家办公、虚拟团队管理、在线教育行业有望取得快速发展，并由此推动移动电商、虚拟社交、游戏、视频、直播、导流等一大批产业的发展和颠覆性变化。为确保个体健康和企业绩效，企业将会在保留必要的线下活动基础上尽可能选择线上的业务运营和人员管理模式。为应对这些变化，人力资源服务企业可通过构建高效、专业和快速共享的互联网工作平台来为众多中小型企业提供相关的人力服务。第三方人力资源服务企业可借助互联网平台，短周期、细颗粒地撮合企业任务端需求和市场人才端供给。此点也是人力资源服务行业未来发展的"第二曲线"，可开拓的业务创新领域包括：辅助企业管理者开展任务分解，明确技能需求；辅助企业管理者开展任务过程管理；嵌入实时绩效控制策略；对接至市场人才库；持续优化灵活雇员的用工体验；薪税结算；等等。

3. 集群化与国际化

随着市场竞争的日趋激烈，为减轻疫情对行业发展的不利影响，人力资源服务机构抱团发展的意愿更为强烈，产业集群将成为必然，一批优秀的人力资源服务机构将抓住机遇，整合资源，乘势而上，成为行业的标杆。为此，应充分发挥各地人力资源产业园、人力资源服务产业联盟、行业商协会等平台的作用，打通上下游产业链，加强各业态的资源整合，实现人力资源服务产业集聚发展。

随着全球经济一体化和贸易自由化发展,人才流动的全球化和人力资源配置的国际化趋势日益明显。一方面,大量跨国人力资源服务企业通过投资、并购等方式进入国内市场,推动我国人力资源服务市场国际化进程不断加快,国内市场竞争更加激烈;另一方面,随着"一带一路"倡议的深入推进,大批中资企业加快了在世界各地开拓市场的步伐,产生了极大的人力资源服务需求,这为我国人力资源服务"走出去"提供了良好契机。对此,Q市人力资源服务机构既要练好内功,用足政策,加快转型,提升品牌影响力和竞争能力,又要广泛参与国际交流合作,在助力Q市企业走出去的过程中,实现人力资源服务以及其他产业在全球价值链上的升级。

第四节 双循环格局下Q市人力资源服务业面临的新形势

一、Q市周边经济圈内人力资源服务业协同发展

2020年以来,Q市人力资源和社会保障局以认识更新推动思想解放,以思维创新推动方法升级,建机制、签协议、立项目、促合作,建立"Q市周边经济圈公共就业与人才服务联盟"统筹推进联盟全方位建设,探索出一批都市圈人社领域合作的新模式、新路径、新打法。随着联盟在就业创业、人事人才、社会保障、劳动关系、信息化建设方面的加速推进,Q市周边经济圈的人力资源服务业将迎来协同化、一体化发展的新机遇和新形势。

(一)协同发展的新态势

1. 协同发展的优势

首先,Q市周边经济圈人力资源服务业协同发展潜力大。Q市周边经济圈是QL省经济发展最快的区域,Q市周边经济圈的一体化的推进为人

力资源服务的协同发展奠定了坚实的基础。随着Q市周边经济圈产业结构的不断优化、调整以及错位发展，Q市周边经济圈的人力资源服务的需求必将进一步增加，其将成为赋能Q市周边经济圈产业一体化、市场一体化的重要支撑和推动力量。

其次，Q市周边经济圈人力资源服务业系统发展政策支持力度大。Q市周边经济一体化是QL省经济发展的重大战略选择，而Q市周边经济圈人力资源的协同化发展将是Q市周边经济一体化的必要组成部分。通过畅通Q市周边地区人才工作协同发展途径，提升对海内外人才集聚效应，赋能人才一体化发展。通过建立人力资源服务协同发展新机制，将推动区域人力资源信息互通、资源共享、优势互补，整体提高Q市周边各市市场化人力资源配置能力。通过加强Q市周边各城市间的联动，省政府和Q市周边5市政府对于人力资源服务业协同发展的财政支持、政策扶持以及社会引导等方面必将发生质的变化，这必将带动Q市周边经济圈人力资源服务业的飞速发展。

最后，Q市周边经济圈人力资源服务企业不断增加。Q市"一体两翼"的人力资源服务产业布局基本形成，目前正在具有两个省级产业园区的基础上积极申报国家级产业园区。QLYT人力资源服务产业园于2016年获批国家级产业园区后，2021年又增设中国（QL省）自由贸易试验区QLYT片区人力资源服务产业园为中国QLYT人力资源服务产业园分园区，正式迈入了"一园两区、双核驱动"的新发展格局。Q市周边的QLWF市有人力资源服务机构300余家，2021年营收将近40亿元，建有职业技术鉴定中心、线下招聘会场、海外就业平台、高校教育实践基地、产品研发中心、人力资源众创空间和创业大学"七大平台"。周边的QLRZ市和QLWH市共有各类人力资源服务机构累计600余家。Q市周边经济圈人力资源的协同化发展将进一步优化和整合Q市周边5市人力资源服务产业园区、企业的资源和能力，形成人力资源服务产业集群，为地区经济的发展提供高层次、全方位的人力资源支持。

第二章 人力资源服务业发展现状及面临的形势

2. 协同发展的劣势

首先，Q市周边经济圈人力资源服务业成熟度有待提高。除了QLYT市具有国家级人力资源服务产业园区外，目前只有Q市的人力资源服务产业园区达到了国家级园区的规模、层次和水平，其余3市的人力资源服务产业园区建设起步较晚，而且发展也不平衡。与北京、上海、深圳等经济发达城市相比，Q市周边5市的人力资源服务仍以劳务派遣和员工招聘等相对基础的业务为主，相对缺乏高端人才猎聘、高端服务外包型的企业。

其次，Q市周边经济圈人力资源服务业协同的基础较差。由于Q市周边5市的产业同质化竞争比较严重，相互之间横向错位发展、纵向分工协作的格局尚未形成，一方面，人力资源在5个城市之间的流动、转移数量较少且质量不高；另一方面，不同城市之间的人力资源服务企业竞争关系大于合作关系，这在很大程度上阻碍了Q市周边经济圈人力资源服务业的协同发展。

3. 协同发展的机遇

首先，Q市周边5市政府积极协同，不断健全和完善人力资源服务业方面的政策安排和管理规制。目前，Q市周边5市人力资源服务业的行业规划、引导政策、具体扶持政策框架已开始构建，包括人力资源公共服务政策和财税、产业集聚等促进行业发展的政策体系已基本形成。同时，在法律法规建设、行业监管、诚信建设、协会建设、标准化建设等方面的规范发展举措亦日益加强。

其次，随着Q市周边经济一体化战略的实施，Q市周边5市人力资源的需求和流动将进入新的高峰期。Q市周边5市将探索技工院校联合办学模式，为区域性经济发展协同培养高技能人才，同时推进专业技术人员职称资格互认，服务区域一体化协同发展；联合举办各类线上招聘活动，通过智能化、信息化手段，突破人才招聘时空限制；开展线下赴外招才引智活动，形成引才合力。围绕人才流动所产生的各种人力资源服务需求将会呈指数倍增长，这为人力资源服务业的发展提供了巨大的市场空间。

最后，Q市周边5市人力资源服务管理部门不断降低人力资源服务业的市场准入标准，通过举办人力资源服务高级经营管理人员研修培训班，助力半岛人力资源服务业创新发展、转型升级，推进人事考试命题能力建设合作机制，搭建起统一专业的人才选拔平台，打造一流人事考试品牌，为整个人力资源行业的规模化、差异化和多元化发展提供了更好的发展机会。

4. 协同发展的挑战

首先，Q市周边5市人力资源服务业服务内容和项目同质化严重且专业性不足。当前，5个城市的人力资源服务业间还存在服务内容同质化、资源和业务不协同、人力资源信息不共享等诸多的问题，导致Q市周边5市整体人力资源服务合作意愿不强、合作基础薄弱、产业创新能力不高，进而使得Q市周边5市人力资源服务业生态的协同共生、价值共创和可持续发展的动力不足。

其次，Q市周边5市人力资源服务业面临的竞争压力不断增加。随着经济全球化、数字化的发展，Q市周边经济圈的人力资源服务业必将迎来国内外同行业对手的竞争和威胁。随着国外人力资源服务机构和组织陆续进入Q市及Q市周边5市，域外人力资源服务机构的线上业务发展，将对Q市周边5市人力资源服务产业构成客观上的威胁，特别是国外人力资源服务机构在品牌、技术、经验和人才方面拥有强大的优势，为Q市周边5市人力资源行业注入新鲜理念和先进经验的同时，也加剧了行业内的市场竞争。

（二）协同发展的新要求

1. 推动产业园协同发展

应以Q市、QLYT两地园区为引领，尽快推动成立Q市周边经济圈人力资源服务产业园联盟，鼓励Q市周边经济园用人单位及其分支机构优先购买当地产业园区企业的人力资源服务，Q市周边经济圈人力资源机构在5市内部设立的分支机构优先入驻当地国家级、省级园区，并适当给予政策倾斜，使5市人力资源机构在合作与竞争中精准定位，实现差异化发展，推动Q市周边经济圈人力资源服务业形成更高质量、更大体量的一体化发展。Q市周边经济圈应联合承办全国性、国际性大型会议、论坛、赛事、路演活动，联合举办层级更高、规模更大、市场化程度更深入的国际人力资源峰会，进一步突出"一体化""国际化"主题，满足人力资源服务领域从"对接"到"融入"的需求。

2. 创新人才合作机制

Q市周边5市应发挥人力资源服务机构在引才引智方面手段更灵活、形式更丰富的优势，加大机构引才引智政策激励和资金扶持力度，建立"不求所有、但求所用，不求所在、但求所为"的人才柔性流动机制，促进更多高层次人才和智力项目落户Q市周边5市。认真学习借鉴长三角、成渝等地在深化人才公共服务上的好经验、好做法，为优秀人才和项目提供孵化培育、风投对接、项目洽谈、审批代办等全程跟踪服务，促进优秀人才和项目在Q市周边经济圈落地成长、发展壮大。

3. 合力构建新业态发展的基础性平台

Q市周边经济圈一体化发展滞后于长三角等区域一体化先行地区的根本原因，在于缺乏相互促进的城市集群效应，缺乏具有集聚辐射作用的区域性高端要素交易平台。Q市周边5市应合力打造数字资源中心，并与其他各城共同搭建共享平台，为新服务业提供内容更为充分、使用更为便捷的数据基础。平台建设应统筹施策，要防止资源浪费、避免重复建设，特别是相关数据资源平台。

4. 形成统一的监管体制和产业发展标准

Q市周边5市政府应通力合作，在人力资源服务行业标准体系、消费信息评价体系、诚信维权体系等方面加快形成相对统一的监管体系和监管方式，建立统一的服务业新业态新模式的行业标准，为后续发展创造良好的产业生态环境。

5. 打造服务协同创新基地

Q市应主动发挥引领作用，协调Q市周边5市各人力资源产业各个园区的管理方，协商制定Q市周边经济圈人力资源服务产业园协同创新网络发展规划，初步建立定期交流机制，开展园区管理服务的互联互通。助推Q市周边经济圈联动发展，打造人力资源服务协同创新基地、产业融合阵地、质量发展高地。

二、黄河流域高质量发展与人力资源服务业发展

（一）Q市融入黄河战略带来的机遇

1. 交通互联互通助力人力资源服务产业协同发展

当前黄河流域沿途9个省份的公路、铁路和航空交通正在日益对接与互联互通。Q市与沿途城市通过建设便捷的高速公路、加强城际轨道的互联互通、共同打造世界级机场群将会增加沿黄城市间的人员流动的数量与频次，畅通劳工流通、人才交流的物理通道。黄河流域西部具有较大的人口红利，黄河流域东部人力资源需求量大，沿黄交通的日益便利将为Q市乃至Q市周边5市的劳务派遣、人员招聘等业务提供广阔的人力资源供给空间。Q市和Q市周边经济圈经济发达，产业门类众多，人力资源服务业发达，在为西部产业发展提供人力资源培训、人力资源服务外包等服务，具有广阔的市场空间。

2. 教育文化共享助力人力资源服务产业协同发展

随着黄河流域基础教育资源的合作共享，高等院校的合作交流、产教融合的职教共同体的构建，不同省份人员之间的相互学习、相互交流的空间进一步拓展，沿黄流域人力资源的流通将会大幅增加，这将为Q市与沿黄省份各城市之间的人力资源服务业协同发展提供广阔的市场。

沿黄流域省份、城市文化积淀深厚，各具特色，政府和民间文化交流、人文交流将会日益频繁。由于Q市经济发达、开放度高、人力资源服务业等现代服务业配套设施完善，因此Q市融入沿黄流域，一方面有助于增加不同地区人员之间的相互了解进而促进人力资源、人才资源的流通；另一方面借助经济、文化方面的全方位交流将会带来人力资源服务业的井喷式

发展，为沿黄省份人力资源服务产业的协同发展提供新机遇。

3.物流供应链畅通助力人力资源服务产业协同发展

Q市等黄河流域东部地区物流业发达，具有丰富的港口物流、航空物流资源，为沿黄流域的国际国内贸易提供了良好的基础。为了进一步畅通沿黄流域的物流供应链网络，很多内陆省份的物流产业无论在数量还是在质量上均需要大幅提升，这将需要大量的物流从业人员和物流管理人才，Q市的人力资源服务业可以借此与其他8个省份的物流企业充分对接，利用Q市的教育资源、物流培训资源为内陆省份的物流企业提供各类人力资源服务。

4.产业对接转移合作助力人力资源服务产业协同发展

黄河流域的生态保护和高质量发展战略的加速推进，将会促进沿黄省份之间各类产业的广泛对接、有效转移和深度合作，而产业的协同与一体化发展离不开人力资源的有效配置，随着沿黄流域产业的深度融合发展、跨区域协调发展，将催生大量的人力资源服务需求，为了满足跨区域的产业合作交流，就需要跨区域的人力资源服务布局和合作，Q市人力资源服务企业融入沿黄流域的人力资源服务业生态系统将为Q市人力资源服务业的高质量发展与沿黄流域其他城市的人力资源服务的协同发展提供广阔的舞台。

（二）Q市融入黄河流域肩负的使命

1.人力资源服务业发展助力文化合作交流

Q市与沿黄省份相关城市的文化合作交流依附于人力资源的合作交流，只有不同省份、城市之间人力资源广泛流动起来，才能增进各地人员对其他地域文化的了解。Q市人力资源服务业的高质量发展，尤其是与沿黄9省人力资源服务业的协同发展，将会在更大空间范围内有效、合理配置人力资源，在服务沿黄省份经济发展、服务产业合作的同时，将会大幅提升人力资源、人才资源跨区域流动的数量和频次，增加文化、教育的合作交流与共享。

2. 人力资源服务业发展赋能产业升级发展

黄河流域的高质量发展需要构建高质量的产业体系，需要人力资源服务业的赋能。农业发展亟须运用现代数字技术、信息技术、智能技术等现代科技手段，以及新型管理模式、新型经营模式、新型商业模式等，进行现代化改造。工业发展亟须大力发展"互联网+"、人工智能、电子信息、高端装备制造、航空航天、生物医药、新材料、新能源汽车等产业。沿黄省份在不同产业、技术和领域的发展需要大量的人力资源提供支撑，需要人力资源服务提前布局，提升相应的服务能力，Q市的人力资源服务企业应该将眼光拓展到整个沿黄流域，将资源配置到沿黄流域的特色产业上，为沿黄流域经济高质量发展提供人力资源方面的全方位支持。

3. 人力资源服务业协同推动产业一体化发展

沿黄流域9省的产业发展之间具有比较优势，在构建产业链、价值链、创新链协同合作的过程中，需要相互学习、借鉴各方的领先知识和创新经验，进而形成高水平的分工协作体系。Q市的人力资源服务企业可以在沿黄省份优化战略布局，利用沿黄省份各地的优势资源开展广泛的人员培训、服务外包、管理咨询等服务，提升Q市人力资源服务企业的整合协同能力、拓展Q市人力资源服务业的服务对象，推动沿黄省份产业一体化、协同化、高端化发展。

三、国际大循环视域下人力资源服务业发展

（一）"一带一路"与人力资源服务业国际化发展

1. "一带一路"国家人力资源现状及特点

东北亚地区。劳动年龄人口总量大约在1亿人左右，劳动者受教育程度以高、中等教育为主，平均而言，劳动者中受初等教育的占比为10.45%，中等教育水平的占比为46.60%，高等教育水平的占比为41.65%，该区域的年平均工资在0.7万美元左右。

东南亚地区。劳动年龄人口总量大约在4亿人左右，劳动者受教育程度以初、中等教育为主，平均而言，劳动者中受初等教育的占比为41.44%，中等教育水平占比为24.48%，高等教育水平占比为18.79%，该区域的年平均工资在1.1万美元左右。

南亚地区。劳动年龄人口总量大约在10亿人以上，劳动者中受初等教育的占比为33.67%，中等教育水平的占比为27.59%，高等教育水平的占比为8.7%，该区域的年平均工资在0.3万美元左右。

中亚地区。劳动年龄人口总量大约在5 000万人左右，劳动者受初等教育、中等教育和高等教育的比例分别为24.85%、39.96%和35.17%，该区域的年平均工资在0.4万美元左右。

西亚北非地区。劳动年龄人口总量大约在3亿人左右，劳动者中受初等教育的占比为22.08%，中等教育水平的占比为39.01%，高等教育水平的占比为25.91%，该区域的年平均工资在1.2万美元左右。

中东欧地区。劳动年龄人口总量大约在1亿人左右，劳动者中受初等教育的占比为13.63%，中等教育水平的占比为54.68%，高等教育水平的占比为31.44%，该区域的年平均工资在1.1万美元左右。

2."一带一路"背景下人力资源服务业国际化的机遇

首先，"一带一路"倡议的实施有助于具备离岸业务资质的人力资源服务机构在沿线国家设立分支机构，大力开拓国际市场，构建全球服务网络，为Q市人力资源服务企业"走出去"承接国际服务，提供特色化、精细化人力资源服务。

其次，Q市融入"一带一路"必定会推动更多的Q市企业走向世界舞台，这将涉及这些企业在国际化发展过程中能否招聘到合适的人才，能否留住人才、拔高人才。由于不同企业在国际化发展过程中对人力资源的需求存在明显的差异，这就要求Q市的人力资源服务企业不仅能够发挥国际化人才补给的作用，还要能够提供多种多样的、国际化的人力资源服务。

最后，Q市独有的区位优势，有助于充分了解"一带一路"沿线国家人力资源特点，精准把握Q市人力资源规模和结构与相关国家的契合性，协同推进 QL 省和 Q 市的国际产能和人力资源合作。Q 市应以上合组织地方经贸合作为重点，在人才培养、人力资源服务交流与合作、国际人才流动等领域开展信息对接、高峰研讨和服务协同创新等活动。

3."一带一路"背景下人力资源服务业国际化的挑战

首先，"一带一路"沿线国家劳动力法律制度和文化复杂多样，为企业合规经营带来较大挑战。总体上看，"一带一路"沿线国家普遍建立起较为完善的现代劳动法律制度体系，在劳动合同签订和解除、劳动争议处理、工资与工作福利（病假、产假等）和社会保障方面都做出相应的规定，在一定程度上维护了劳动者的合法权益。但与此同时，由于各国劳动力市场结构、经济发展水平、工业化进程、劳动者受教育程度等方面的差异，各国在劳动法律制度所关注的重点问题存在显著差别。在中亚、东北亚以及中东欧等转型国家，其法律制度中更为明显地体现工会、罢工和社会保障等内容；在一些前英国殖民地国家，则基本上沿用了原宗主国的法律体系，对企业使用劳动者方面有着严格的规定。复杂多样的劳动法律制度，要求 Q 市人力资源服务企业在"一带一路"沿线国家开展业务必须要适应不同国家的要求，采取多种运营模式和服务来开展业务，这无形中增加了企业经营的成本和风险。

其次，人力资源服务供给能力和市场需求匹配的挑战。当前从 Q 市乃至全国人力资源行业发展来看，提供的服务主要以劳务派遣、外包、招聘等业务为主，从一定程度上看，这些业务的发展与中国经济社会发展实践、人力资源状况、法律制度环境等密切相关，而这些服务和产品是否适合"一带一路"沿线国家的市场需要和法律规定，是 Q 市乃至我国人力资源服务企业出海经营需要深入考虑的。比如，当前"一带一路"的企业在劳动法务、企业国际化运营管理咨询等领域需求旺盛，但当前 Q 市人力资源服务产业的供给能力则相对薄弱。

（二）RCEP 与人力资源服务业高质量发展

1.RCEP 签署并生效为人力资源服务业带来的机遇

首先，RCEP 将逐步消除 15 个成员国间在服务贸易、国际投资领域的关税和其他歧视性措施。RCEP 通过制定服务贸易更高层次开放的规则和标准，将形成广阔的统一市场，这将进一步促使我国人力资源外包服务走出国门。RCEP 扩大了国家间投资开放领域，服务于资本的"走出去，引进来"，有助于我国利用自身市场优势、制度优势等吸引更多外商投资人力资源服务业，同时推动我国人力资源服务企业嵌入全球网络，为开展跨国投资和国际业务奠定基础。基于 Q 市优越的地理位置，RCEP 将会助力 Q 市人力资源服务企业与日本、韩国的相关企业开展深度合作，提升人力资源服务的能级。

其次，RCEP 生效将加快跨国人力资源服务机构进入中国的速度，有利于引入世界前沿的管理理念、专业知识、方法计算、信息数据、服务体系、创新能力、品牌效应、实践经验、优秀人才等。一是有利于为用人单位和人才个体提供专业、一流的服务；二是引入世界一流跨国机构，使得本土人力资源结构有机会与跨国人力资源服务机构同场竞技的同时，通过知识外溢缩短与世界前沿的距离，不断提高本土人力资源服务企业国际竞争力。Q 市良好的区位优势和经济基础势必将吸引国际著名人力资源服务机构的进入，这样会倒逼、助推、促进 Q 市人力资源服务企业的创新发展。

最后，有利于深化与日韩两国的深度合作。RCEP 突破性地将中国与日本纳入同一自贸协定框架下，将中国与韩国原有的双边自贸协定进行了有效升华，同时也拓宽了与其他国家的合作领域。Q 市是 QL 省新一轮对外开放的桥头堡，依托 RCEP 产业合作发展中心，将深化 Q 市与 RCEP 国家地区间经贸合作。Q 市基于地理条件，与日本韩国的企业有较好的合作基础。一方面，中日韩的经贸合作将带来很多人力资源服务的需求，另一方面也促进了三国人力资源服务业领域的深度合作。同时，Q 市可以依托中韩、中日产业园等特色园区，高标准建设中匈、中俄国家级境外经贸合作区，共同拓展"一带一路"新兴市场。

2. RCEP 为人力资源服务业带来的挑战

首先，RCEP 将会使得国际上很多具有竞争力的人力资源服务机构进入中国市场、进入 Q 市的市场，届时 Q 市的人力资源服务机构将面临新的竞争压力，如果我们的人力资源服务机构不加大转型升级力度，将有可能失去高端市场，被锁定在中低端市场上，更有甚者可能丢掉本地市场。

其次，RCEP 市场开放后，一方面，国际上的中高端人力资源服务产品将进一步具有价格优势，加速涌入国内市场，从而导致目前的客户市场被挤占。另一方面，本地部分劳动密集型产业或生产环节外迁可能呈现加速趋势，导致目前很多客户企业可能离开本土，减少传统人力资源服务的需求。如果 Q 市的人力资源服务企业不加速转型、提高人力资源服务质量，将面临供给和需求两方面的压力。

（三）Q 市人力资源服务国际化发展四大优势

1. 区域优势

从国内看，Q 市位于 QLJD 半岛，是整个沿黄河流域最具吸引力的城市，是处于环渤海湾商业带上的天然贸易港，同时是"一带一路"重要节点城市、国际性港口城市、东北亚国际航运枢纽，具有国内区位优势。从国际视角看，Q 市东隔黄海与朝鲜半岛相望，东南临黄海、遥望东海及日本南部列岛。Q 市也是海上丝绸之路的起点之一，是"一带一路"新亚欧大陆桥经济走廊主要节点城市和海上合作战略支点。作为上海合作组织地方经贸合作示范区，Q 市为"一带一路"建设架起"进路出海"便利通道，与"一带一路"沿线国家贸易投资增长势头迅猛，极具国际区位优势。

2. 国际化优势

Q 市是国际化大都市、全球海洋中心城市，面向全球拓展地方经贸合作，已与 215 个国家和地区建立了贸易往来，累计和 79 个国家、地区缔结经济合作伙伴关系。Q 市还以德国、以色列、韩国、日本等为重点对象打造了"国际客厅",配套全方位服务,方便企业对接国际资源。2021年在推进"中日韩地方经贸合作示范区"建设中积极开展人力资源服务贸易对接,努力促进中日韩人力资源交流合作加快发展。Q市第九次入榜"魅力中国——外籍人才眼中最具吸引力的中国城市"十强城市榜单,为Q市的国际吸引力增添了浓墨重彩的一笔。

3. 产业优势

持续推进对外贸易市场"多元化战略",人力资源服务贸易增长迅速。Q市立足城市经济发展战略布局和区域经济特点,按照多极化发展思路全域布局建设人力资源产业园,以促进人力资源产业与全球各国在更大范围、更广领域、更深层次开展互利共赢合作。抢抓RCEP实验基地建设机遇的QSB园区和依托QL省自贸试验区Q市片区开放发展的XHA园区升级为省级人力资源产业园,位于上海合作组织地方经贸合作示范区的QJZ市园区将倾力打造"一带一路"国际合作新平台,借力中韩交流合作"国际客厅"优势,QCY区也将全力打造双向开放的人力资源产业园区,更多区市的人力资源产业园也正在布局规划中。目前两家省级人力资源产业园已吸引万宝盛华、上海外服、智联招聘、锐仕方达等172家高端人力资源机构入驻,累计实现营业收入近146亿元、税收7.29亿元,涉外贸易量总额10亿元左右。同时在XHA新区专门创建猎头产业园,出台支持猎头产业集聚发展意见,吸引国内外知名猎头机构入驻Q市。

4. 政策优势

立足深化人力资源服务贸易领域的体制机制改革,2021年,QL省及Q市先后出台了《QL省"十四五"人力资源服务业发展规划》《Q市全面深化服务贸易创新发展试点实施方案》,为Q市未来五年重点面向"一带一路"沿线国家、上合组织国家、日韩拓展新型服务贸易发展的领域,打造人力资源服务贸易新的增长点指明了方向。Q市还对经认定的人力资源等特色服务出口基地给予100万元的一次性奖励。为促进人力资源服务业对外开放,提出实施更加开放的市场准入制度,允许国外人力资源机构在

Q 市独资经营。日益完善的政策扶持体系，为 Q 市建设国家人力资源服务出口基地培植了优渥土壤。围绕高端新兴产业，Q 市重点布局猎头服务、培训服务、外包服务、国际咨询服务等领域，业务范围逐步向上合组织成员国、"一带一路"沿线国家延伸，全覆盖至日本、韩国、澳大利亚、新西兰等 RCEP15 个成员国。

第三章 人力资源服务企业的竞争力研究

人力资源服务机构（企业）是人力资源服务业的核心主体，因此提高我国人力资源服务企业的竞争力尤其是国际竞争力是推动我国人力资源业高质量发展的抓手。《人力资源和社会保障事业发展"十四五"规划》指出，未来我国将重点培育一批有核心产品、成长性好、具有国际竞争力的综合性人力资源服务企业，加快发展有市场、有特色、有潜力的专业化人力资源服务骨干企业，引导人力资源服务企业细化专业分工，向价值链高端延伸。本章探讨如何对人力资源服务企业的竞争力进行评价，并在此基础上回答如何提升其竞争力、培育其竞争优势进而实现人力资源服务企业的高质量发展。

第一节 人力资源服务企业竞争力评价

一、评价指标体系确定

（一）指标选取的原则

评价人力资源服务机构的整体发展状况，客观合理的评价指标体系是对人力资源服务机构进行评价的关键。构建的指标体系必须科学客观，可操作性强，另外要定性与定量相结合，具备一定的典型性。

1. 科学性与客观性原则

要构建科学合理的人力资源服务机构评价指标体系，必须对其进行充分的调研与分析，了解评价的关键要素，进而选取能够科学评价人力资源服务机构整体发展水平的指标，对人力资源服务机构进行科学的划分与等级评定，规范人力资源服务市场主体。

2. 可操作性原则

人力资源服务机构评价指标体系的可操作性是指标体系能够实际运用的前提。在选取指标的过程中，对于一些无法测量或者数据获取不了的指标，应尽量用其他相关指标代替或者删除，以确保指标体系的可操作性。

3. 定性与定量相结合原则

由于是对人力资源服务机构的综合评价，涉及的指标较多，其中包含可量化的指标，也包含一些定性的指标。

4. 权威性与典型性原则

在政府对人力资源服务业的大力推进与支持阶段，对人力资源服务机构进行科学合理的评价与等级划分，意义重大。要保证评价结果的科学性与合理性，必须选取具有一定代表性和权威性的指标。

（二）指标选取的过程

1. 资料获取

获取北京、湖北、四川、辽宁、浙江等地出台的相应人力资源服务机构评价的政策文件、地方性法规以及国家和相关省份、城市发布的白皮书、蓝皮书等资料。本次共搜集了15个省市的29个政策文本资料，9本人力资源服务业相关的白皮书或蓝皮书。在搜集到的29个关于人力资源服务机构评价及管理的政策文本资料中，23个明确出台了详细的评价细则，6个政策文本指出了评价及管理的方向，但并未提出具体的指标。9本人力资源服务业皮书等不同程度地提及了评价标准，因此，本书最终选择23

个政策文本和9本皮书作为资料来源，有效样本占比为84.21%。

在此基础上，选择Q市30家典型人力资源服务机构进行了实地调研，采取现场考察、关键人物访谈和座谈以及发放调查表的方式进行，考虑到机构运营数据采集的难度，调查表发放两周后进行回收。共访谈了来自30家人力资源服务机构的41位主要负责人。

综上所述，本书的原始资料由15个省市的23个政策文本、9本皮书及30家人力资源服务机构的访谈内容组成。本书随机抽取18个政策文本、6本皮书及25家人力资源服务机构的访谈内容进行开放式编码，剩余的5个政策文本、3本皮书和5家人力资源服务机构访谈数据作为检验理论饱和度的样本。本书严格按照扎根理论的研究方法和步骤，对文本资料进行编码并归纳构建指标体系和理论模型，后期通过专家访谈等方法，对存在争议的概念进行删除和修改完善，以此提高指标体系的信度与效度。

2. 扎根理论分析

经过开放式编码和主轴式编码共得到12个主范畴和28个副范畴，再经过选择式编码得到4个核心范畴，其中主范畴和核心范畴如表3-1所示。

以初步形成的理论作为理论饱和度检验的标准，5个政策文本、3本皮书和5家人力资源服务机构访谈数据进行编码分析，并未出现新的初始概念和范畴，因此，本书初步建立的理论达到饱和，具有一定的信度。

结合副范畴，本次研究得到的指标体系如表3-2所示。

表3-1 人力资源服务企业评价的选择式编码结果

核心范畴	主范畴	核心范畴	主范畴
基础条件	服务环境	工作绩效	业务效益
	设施设备		服务项目
	信息化水平	内部治理	法人资格
社会影响	参与活动		组织机构
	社会评价		人力资源
	品牌口碑		规章制度

表 3-2　人力资源服务企业竞争力综合评价指标体系

目标层	一级指标	二级指标	三级指标	指标属性
人力资源服务企业评价	基础条件	服务环境	服务场所环境	定性
			服务场所面积	定量
			交通可达性	定性
		设施设备	基础设施	定性
			办公设备	定性
		信息化水平	有无网站	定量
			信息化管理程度	定性
			数字化水平	定性
	工作绩效	业务绩效	营业收入	定量
			营业利润	定量
			纳税总额	定量
		服务项目	服务人员	定量
			服务单位	定量
			国际化程度	定性
	内部治理	法人资格	机构资质	定性
			注册资金	定量
		组织机构	治理结构	定性
			党组织	定性
		人力资源	员工数量	定量
			高学历占比	定量
		规章制度	员工手册	定性
			运营管理制度	定性
	社会影响	参与活动	公益活动参与次数	定量
			行业活动参与次数	定量
		社会评价	网络宣传报道次数	定量
			表彰奖励次数	定量
		品牌口碑	诚信经营	定性
			用户满意度	定性

3. 指标解释

定量指标采用地方政府和企业上报的数据为基础，下面对定性指标进行说明。[3]其中：（1）服务场所环境测度如表 3-3 所示；（2）交通可达性，用半径 1 000 米以内的公交站和地铁站数量总和进行测量；（3）基础设施和（4）办公设备的测度如表 3-4 所示；（5）信息化管理和平台维护水平如表 3-5 所示；（6）国际化程度用该企业服务的国际项目数量代替；（7）机构资质的测度如表 3-6 所示；（8）治理结构和（9）党组织两个指标的测度见表 3-7；（10）员工手册和（11）运营管理制度的量化方式如表 3-8 所示；（12）诚信经营指标的测度见表 3-9 所示，用户满意度由网络调研得到。

表 3-3 服务场所环境的量化标准

评价指标	评价要素	评价标准
服务场所环境	服务机构标识明显	20 分
	服务场所环境整洁卫生	20 分
	服务场所装修环境宜人	20 分
	机构各项设施设备安全	20 分
	有无障碍设施	20 分

表 3-4 设施设备的量化标准

评价指标	评价要素	评价标准
基础设施	设有采暖和制冷设备	20 分
	设有客户洽谈场所	20 分
	有发布供求信息的电子屏	20 分
	有信息触摸查询系统	20 分
	300 米内有停车场	20 分
办公设备	电话、计算机覆盖率 90% 以上	20 分
	有客户服务电话且接听畅通	20 分
	有为客户使用的打印、复印和传真设备	20 分
	有内部网络管理系统	20 分
	配有投影仪、录音、录像等设备	20 分

表 3-5 信息化水平的量化标准

评价指标	评价要素	评价标准
信息化管理程度	网络设施设备存放物理环境安全	25 分
	有信息网络安全管理制度和应急预案	25 分
	对客户端软件进行实时监控、准备判断网络安全事件	25 分
	采用防火墙、防毒软件、入侵监测等安全防御措施	25 分
数字化水平	有业务管理软件	30 分
	建立项目全过程的监控体系	30 分
	主要业务可实现数字化管理	40 分

表 3-6 机构资质的量化标准

评价指标	评价要素	评价标准
机构资质	人力资源服务许可证、营业执照等证照齐全	25 分
	连续两年年检合格	25 分
	相关信息及时办理变更	25 分
	机构章程等按规定办理备案	25 分

表 3-7　组织机构量化标准

评价指标	评价要素	评价标准
治理结构	设有董事会、监事会	50 分
	依据《公司法》规定，定期换届	50 分
党组织	建立有党组织机构	20 分
	积极开展各项党组织会议及活动	40 分
	党支部及党员获得过表彰奖励	40 分

表 3-8　规章制度量化标准

评价指标	评价要素	评价标准
员工手册	有员工手册	50 分
	对员工进行了手册内容培训	50 分
运营管理制度	有人事管理制度	25 分
	有财务管理制度	25 分
	有保密管理制度	25 分
	有消防安全制度	25 分

表 3-9　诚信经营量化标准

评价指标	评价要素	评价标准
诚信经营	建立诚信服务制度	20 分
	建立诚信档案	20 分
	机构所属员工签订诚信承诺书	20 分
	近两年无泄密事件发生	20 分
	近两年无违法违规行为	20 分

二、评价指标权重确定

权重一方面体现指标客观的物理属性，另一方面反映了评价主体对该指标的主观判断，一般用数量形式来体现在指标体系中所占比重进而代表其重要程度。评价主体对指标的主观重视度和指标自身在评价某一事物中能够代表的信息量的大小是确定权重的关键因素。科学与客观的评价结果取决于指标权重的确定是否合理、准确。在对人力资源服务机构进行评价时，应采取合适的方法来确定权重，一般用客观和主观两种方法来确定权重。客观赋权法是通过一定数学计算方式，根据数据排列规律来计算指标权重的，主要包括变异系数法、熵权法等方法；主观赋权法是指通过专家的经验判断来确定权重,包括层次分析法(analytic hierarchy process,AHP)、专家评分法等。一般主观赋权法的主观性较强,确定权重时应尽量采取客观赋权法。

本书构建的测度指标体系共有 28 个,在指标过多时用熵权法确定权重较为合适客观。熵权法是一种客观的赋权方法,可以削弱因评价主体的主观性带来的评价指标权重的不合理。其核心思想是用信息论中指标数据的变异大小来确定指标权重。一般来说,用信息熵来体现指标数据的变异程度。信息熵越小,代表数据的变异程度越大,指标所能代表的信息量越多,所对应的指标权重越大;信息熵越大,代表数据的变异程度越小,指标所能代表的信息量越小,所对应的指标权重越小。

1. 原始数据预处理

设有 i 个样本企业,j 个指标,则 X_{ij} 表示第 i 个样本的第 j 个评价指标值。为了消除指标不同量纲带来的影响,需对各项指标的原始数据进行归一化预处理,处理后的指标值用 X'_{ij} 表示。本书采用离差标准化的方法对数据进行归一化处理,公式如式(3-1)所示。

$$X'_{ij} = \frac{X_{ij} - X_{\min,j}}{X_{\max,j} - X_{\min,j}} \quad (3-1)$$

经过上述处理,归一化后的数据在 [0, 1] 之间,为方便后续的计算,将标准化后的数据乘以 100,使其区间在 [0, 100] 之间。

2. 熵权法计算过程

首先,计算第 i 个样本企业的第 j 个评价指标值比重,用 θ_{ij} 表示,计算公式如式(3-2)所示。

$$\theta_{ij} = \frac{X'_{ij}}{\sum_{i=1}^{n} X'_{ij}} \quad (3-2)$$

其次,计算指标的信息熵,单一指标的信息熵 E_j 的计算公式如式(3-3)所示。

$$E_j = -\frac{1}{\ln n}\sum_{i=1}^{n}(\theta_{ij}\times\ln\theta_{ij}) \qquad (3-3)$$

最后，指标 j 的熵权 W_j 由式（3-4）得到。

$$W_j = \frac{1-E_j}{\sum_{i=1}^{n}(1-E_j)} \qquad (3-4)$$

经过上述步骤得到评价指标的权重如表 3-10 所示。

表 3-10 评价指标的权重分布

目标层	一级指标	二级指标	三级指标	权重
人力资源服务企业评价	基础条件	服务环境	服务场所环境	0.036
			服务场所面积	0.040
			交通可达性	0.006
		设施设备	基础设施	0.010
			办公设备	0.019
		信息化水平	有无网站	0.034
			信息化管理程度	0.024
			数字化水平	0.046
	工作绩效	业务绩效	营业收入	0.098
			营业利润	0.113
			纳税总额	0.068
		服务项目	服务人员	0.036
			服务单位	0.064
			国际化程度	0.033
	内部治理	法人资格	机构资质	0.012
			注册资金	0.048
		组织机构	治理结构	0.029
			党组织	0.022
		人力资源	员工数量	0.035
			高学历占比	0.028
		规章制度	员工手册	0.012
			运营管理制度	0.018
	社会影响	参与活动	公益活动参与次数	0.038
			行业活动参与次数	0.019
		社会评价	网络宣传报道次数	0.023
			表彰奖励次数	0.036
		品牌口碑	诚信经营	0.014
			用户满意度	0.039

三、评价结果及分析

（一）Q 市人力资源服务企业综合实力年度 50 强

基于表 3-1 所示的评价指标，利用 Q 市人力资源和社会保障局提供的 2021 年度的相关数据（参评企业综合类 200 家，人力服务外包、人力服务咨询、高级人才寻访、人力资源招聘 100 家，人力资源测评 25 家、人力资源培训 56 家）。评价的综合类前 50 强企业如表 3-11 所示。

表 3-11　2021 年度人力资源综合服务 50 强企业

排序	公司名称	排序	公司名称
1	Q 市某程人力资源有限公司	26	QL 终成乾合人力资源股份有限公司
2	Q 市某和卓远实业有限公司	27	Q 市胶发人力资源服务有限公司
3	北京外企人力资源服务 Q 市有限公司	28	Q 市扬子国际经济技术合作股份有限公司
4	Q 市 XHA 区人力资源有限公司	29	上海外服（Q 市）人力资源服务有限公司
5	中智 Q 市经济技术合作有限公司	30	Q 市汇信英才人力资源有限公司
6	Q 市人力资源集团有限公司	31	Q 市米多多智能科技有限公司
7	中国 Q 市国际经济技术合作（集团）有限公司	32	Q 市菁林劳务派遣服务有限公司
8	Q 市人力资源管理服务有限公司	33	Q 市 QPD 汇英人才市场管理有限公司
9	Q 市世纪通运服务外包有限公司	34	Q 市信诺人力资源有限责任公司
10	Q 市山海源人力资源发展有限公司	35	Q 市校企英才科技服务集团有限公司
11	锐仕方达（Q 市）人力资源有限公司	36	Q 市宏智人力资源管理有限公司
12	Q 市睿智博海实业有限公司	37	Q 市德汇启程服务外包有限公司
13	广州市达智人力资源有限公司 Q 市分公司	38	Q 市成武宝龙劳动服务有限公司
14	QL 元田人力资源管理咨询有限公司	39	Q 市 XHA 区平安劳动服务有限公司
15	北京五八信息技术有限公司 Q 市分公司	40	Q 市融信劳务中介服务有限公司
16	QL 恒晟源人力资源管理有限公司	41	Q 市金诺诚人力资源有限公司
17	QL 众合至诚人力资源有限公司	42	Q 市知本人力资源有限公司
18	青软创新科技集团股份有限公司	43	Q 市立人才资源管理有限公司
19	Q 市联农劳务服务有限公司	44	Q 市聚英汇人力资源服务有限公司
20	Q 市大熊企业服务有限公司	45	Q 市昱坤人力资源管理有限公司
21	QL 永盛泰达企业管理有限公司	46	Q 市新民人力资源服务有限公司
22	Q 市富颖海人力资源服务有限公司	47	Q 市易博人力资源管理有限公司
23	Q 市职多多服务外包有限公司	48	QL 优杰人力资源服务有限公司
24	QL 思达人才管理集团有限公司	49	Q 市恒金泉劳务服务有限公司
25	Q 市前锦众程人力资源有限公司	50	Q 市汇川经济技术合作有限公司

其中前10强企业的情况如下。

1.Q市某程人力资源有限公司

Q市某程人力资源有限公司成立于2006年，为响应国家"走出去"战略，2015年某程人力开启国际化模式，陆续在全球人才高地——美国西海岸的硅谷、美国东海岸的波士顿设立分支机构，成为目前中国大陆地区经外交部和商务部驻美机构认定的首家进入北美进行战略布局的人力资源专业公司。先后获得全国人力资源诚信服务示范机构、QL省人力资源服务业十强、QL省优质品牌、QL省成长创新人力资源服务机构、Q市服务名牌等多项殊荣，并连续两年入选Q市民营企业百强（2019、2020年），也是入围的唯一一家人力资源服务机构。

2.Q市某和卓远实业有限公司

Q市某和卓远实业有限公司成立于2005年，现有员工5 000余名。2019年1月，公司被Q市国际人力资源服务产业园评为"2018年园区优秀服务外包机构"；2019年6月，公司被Q市人力资源和社会保障局认定为"Q市高校毕业生就业见习基地"；2019年7月，公司被Q市人力资源管理协会评为"2018—2019年度Q市就业服务先进单位"；2020年6月，公司被Q市QSB区人力资源和社会保障局确定为"企业职工培训中心"。2021年6月，公司被Q市人力资源和社会保障局评为"2020年度Q市人力资源服务业突出贡献单位"；2021年6月，公司被亚太人力资源开发与服务博览会组委会评为"2021亚太人力资源开发与服务博览会最具价值平台"。

3.北京外企人力资源服务Q市有限公司

北京外企人力资源服务有限公司（以下简称为FESCO），成立于1979年，是中国率先为外商驻华代表机构、外商金融机构、经济组织提供专业化人力资源服务的公司。FESCO拥有悠久的人力资源专业化服务历史、丰富的市场经验以及完备的服务资质。已成为跨国公司人力资源首选战略合作伙伴，荣膺2008年北京奥组委人力资源服务协作伙伴；2007年，国际人力资源管理协会等权威机构授予FESCO"中国杰出人力资源服务机构"

称号。是中国人力资源业界最具竞争力和品牌价值的企业,是中国500强企业之一。

4.Q市XHA区人力资源有限公司

Q市XHA区人力资源有限公司诞生于2003年5月,是XHA新区成立最早的全资国有人力资源公司,由原Q市经济技术开发区管委下属人才交流服务中心最初投资设立,2009年,新区直属国有企业Q市海洋投资集团有限公司全额收购接管,其成立之初便与Q市海尔集团、中储发展股份有限公司、中国银行股份有限公司、Q市地税局等大型企、事业单位合作。近年来,合作伙伴扩展到机关事业单位、众多知名国有企业及民营企业达110余家,企业客户横跨通信、电子、IT、汽车、石化、医药、金融、教育等多个行业,服务人员逾50万人次。

5.中智Q市经济技术合作有限公司

中国国际技术智力合作集团有限公司(以下简称为"中智集团"),成立于1987年6月,总部位于北京,是国务院国有资产监督管理委员会直接管理的唯一一家以人力资源为核心主业的中央一级企业。截至目前,中智集团共设有240余家境内外分支机构,服务网点遍及全国378个城市,在国内行业排名第一位,全球行业排名第五位。2020年位列中国企业500强第175位、中国服务业企业500强第71位,连续15年领航中国人力资源服务行业。中智Q市经济技术合作有限公司自2003年起致力于人力资源服务,为QL省区域内广大企事业客户提供全方位的优质人力资源服务。

6.Q市人力资源集团有限公司

Q市人力资源集团有限公司由原市人力资源和社会保障局下属9家公司整体划转至Q市饮料集团整合而成,是以人力资源管理与服务为主导的大型国有企业,也是Q市乃至QL省规模较大、项目最健全的人力资源服务机构之一,形成了各大模块的全链条、多元化的人力资源服务体系。获得全国人力资源社会保障系统2017—2019年度优质服务窗口、QL省人力资源诚信服务示范机构、Q市人力资源诚信服务示范机构、Q市五星级人力资源服务机构、Q市专业技术人员优秀继续教育基地、Q市人力资源和社会保障系统优质服务窗口、Q 市人力资源杰出服务奖、Q 市 QLS 区青年文明号等荣誉。

7. 中国 Q 市国际经济技术合作（集团）有限公司

中国 Q 市国际经济技术合作（集团）有限公司（简称为 CQICC）成立于 1990 年，成立之初是以配套服务 Q 市招商引资，经 Q 市政府批准成立的最早拥有国家主管部门审批的从事国内外人力资源和技术双向交流资质的企业，是行业内首家通过国际质量管理体系、环境管理体系和职业健康安全管理体系的企业。集团总部扎根 Q 市，业务辐射全国 100 多个重点城市，在欧美、日韩等 10 多个国家建立了海外人才引智联络处，服务央国企、世界 500 强、高新技术企业和高校院所等 1 000 多家，服务人才数量累计 100 多万人次。同时开发"线上 + 线下"一体化"技能、素质、职称"培训平台、"职等你来"招聘平台。

8. Q 市人力资源管理服务有限公司

Q 市人力资源管理服务有限公司于 1998 年 2 月 18 日成立。公司经营范围包括：提供法律法规和政策咨询；提供人才供求信息；办理人才求职登记和人才推荐；组织人才招聘；开展人才素质测评；组织与人才流动有关的各类培训；提供人才信息网络服务（人力资源服务许可证，有效期限以许可证为准）；国内劳务派遣；建筑劳务分包；劳动事务代理（不含职业介绍及境外劳务和咨询）；单位后勤管理服务；企业管理咨询；依据《代理记账许可证书》开展经营活动；票务代理；财税信息咨询；翻译服务；会展服务；汽车租赁；市场调查及咨询等。

9. Q 市世纪通运服务外包有限公司

Q 市世纪通运集团有限公司创始于 1994 年的 Q 市。集团下设 Q 市通运人力资源开发有限公司、Q 市通运鑫工贸有限公司、Q 市通运劳务服务有限公司、Q 市世纪通运服务外包有限公司、锐蓝网络科技有限公司、Q 市通运物业管理有限公司、Q 市通运安保服务有限公司 7 家子公司，在全国设有 16 家分公司及多个办事处。集团在行业省内排名前 10 强，获得市优秀服务业品牌机构、市人力资源服务诚信示范机构、QL 省人力资源服务业十大服务品牌、成长创新服务机构等荣誉称号。目前，集团已成为Q市规模最大的、服务产品体系最健全的蓝领人力资源服务公司。

10.Q市山海源人力资源发展有限公司

山海源人力资源（集团）发展有限公司（简称为"山海源公司"）是一家专业的人力资源管理公司，成立于2003年，总部在Q市，目前分别在北京、上海、济南、西安、重庆、贵州、广东等地成立了分公司及办事处，立足QL省，辐射全国，初步形成了贯穿全国人力资源市场的战略格局。山海源公司自创立以来，不断强化"持续创新，用心专注"的管理理念，打造了一支训练有素的专业管理团队，创建了更适合企业人力资源管理的网络信息支持系统，专注于企业核心工作，赢得了众多企业的合作与赞誉，在中国行业企业调研评价活动中被评为"中国劳务派遣诚信单位"。

（二）Q市人力资源服务企业单项业绩年度10强

将表3-10中的"服务人员"指标界定为"推荐高端人才"，将公司的总体"营业收入"置换为高级人才寻访业务的"营业收入"后，得到高级人才寻访类企业的10强企业，如表3-12所示。

表3-12　高级人才寻访10强企业

排序	公司名称	排序	公司名称
1	锐仕方达（Q市）人力资源有限公司	6	Q市基业百年人力资源有限公司
2	QL众合至诚人力资源有限公司	7	Q市对点人力资源管理有限公司
3	北京外企人力资源服务Q市有限公司	8	青软创新科技集团股份有限公司
4	Q市万宝卓华企业管理咨询有限公司	9	康耐仕（Q市）人力资源服务有限公司
5	冰鉴人才信息科技（Q市）有限公司	10	Q市罗高仕管理顾问有限公司

将表3-10中的"服务人员"置换为"咨询项目"，将公司的总体"营业收入"置换为人力资源管理咨询业务的"营业收入"后，得到管理咨询类企业的10强企业，如表3-13所示。

表 3-13 人力资源管理咨询 10 强企业

排序	公司名称	排序	公司名称
1	QL 恒晟源人力资源管理有限公司	6	Q 市富颖海人力资源服务有限公司
2	北京外企人力资源服务 Q 市有限公司	7	Q 市万宝卓华企业管理咨询有限公司
3	锐仕方达（Q 市）人力资源有限公司	8	Q 市大熊企业服务有限公司
4	中智 Q 市经济技术合作有限公司	9	Q 市人才集团有限公司
5	QL 终成乾合人力资源股份有限公司	10	Q 市宏智人力资源管理有限公司

将表 3-10 中公司的总体"营业收入"置换为服务外包业务的"营业收入"后，得到服务外包类企业的 10 强企业，如表 3-14 所示。

表 3-14 人力资源服务外包 10 强企业

排序	公司名称	排序	公司名称
1	Q 市某和卓远实业有限公司	6	Q 市世纪通运服务外包有限公司
2	北京外企人力资源服务 Q 市有限公司	7	Q 市 XHA 区人力资源有限公司
3	Q 市某程人力资源有限公司	8	广州市达智人力资源有限公司 Q 市分公司
4	中智 Q 市经济技术合作有限公司	9	Q 市米多多智能科技有限公司
5	QL 弘坤保安服务有限公司	10	Q 市职多多服务外包有限公司

将表 3-10 中的"服务人员"置换为"测评人次"，"服务单位"置换为"服务项目"，将公司的总体"营业收入"置换为人才测评业务的"营业收入"后，得到人才测评类企业的 10 强企业，如表 3-15 所示。

表 3-15 人才测评 10 强企业

排序	公司名称	排序	公司名称
1	上海外服（Q 市）人力资源服务有限公司	6	Q 市人才集团有限公司
2	锐仕方达（Q 市）人力资源有限公司	7	QL 思达人才管理集团有限公司
3	Q 市万宝卓华企业管理咨询有限公司	8	Q 市仁信通人力资源有限公司
4	Q 市大熊企业服务有限公司	9	Q 市千之禧保洁工程服务有限公司
5	Q 市海大建科岩土工程有限公司	10	Q 市生长企业管理咨询有限公司

将表 3-10 中的"服务人员"置换为"培训人次"，将公司的总体"营业收入"置换为人力资源培训业务的"营业收入"后，得到人力资源培训类企业的 10 强企业，如表 3-16 所示。

表 3-16　人力资源培训 10 强企业

排序	公司名称	排序	公司名称
1	Q 市富颖海人力资源服务有限公司	6	QL 恒晟源人力资源管理有限公司
2	Q 市人力资源集团有限公司	7	Q 市大熊企业服务有限公司
3	北京外企人力资源服务 Q 市有限公司	8	Q 市凯诚众合人力资源有限公司
4	青软创新科技集团股份有限公司	9	Q 市仁信通人力资源有限公司
5	Q 市四通人力资源有限公司	10	Q 市易佳盈通教育科技有限公司

将表 3-10 中的"服务人员"置换为"提供岗位",将公司的总体"营业收入"置换为人力资源培训业务的"营业收入"后,得到招聘类企业的 10 强企业,如表 3-17 所示。

表 3-17　招聘服务 10 强企业

排序	公司名称	排序	公司名称
1	Q 市大熊企业服务有限公司	6	Q 市 XHA 区人力资源有限公司
2	Q 市人力资源集团有限公司	7	Q 市巨恩人力资源有限公司
3	中智 Q 市经济技术合作有限公司	8	青软创新科技集团股份有限公司
4	北京外企人力资源服务 Q 市有限公司	9	Q 市米多多智能科技有限公司
5	Q 市睿智博海实业有限公司	10	Q 市四通人力资源有限公司

其中各细分类别中的冠军企业的信息如下。

1. 锐仕方达（Q 市）人力资源有限公司

锐仕方达人才科技集团有限公司成立于 2008 年,并于当年荣获"2018 中国招聘与任用供应商价值大奖"与"2018 年度战略猎头"（颁奖单位为人力资源管理智库）。2019 年获得"青岛市招才引智工作站"称号和五届国际招聘领域权威奖项"The RI Awards"。2020 年分别获得"2020 中国十大影响力人力资源品牌""2020 中国区特殊时期突出贡献企业""2020 中国人力资源服务行业最具社会责任奖"等荣誉称号。

2. QL 恒晟源人力资源管理有限公司

恒晟源控股集团总部位于 Q 市,集团成立于 2017 年,是一家以人力资源服务和产业招商运营为主营业务,为企业提供全方位人才解决方案及一站式税筹落地的服务型企业。集团业务包含人力资源服务、园区招商运营、企业管理咨询、培训服务、财税和知识产权服务、IT 服务六大板块，依托"6+N"业务体系，实现综合产业布局。坚持以企业需求为导向，以客户利益为中心，秉承专业、高效的服务理念，以"线上+线下"双轮驱动服务模式为主线，坚持专注化、开放化、直营化、平台化四位一体的发展战略，是专业的企业综合服务提供商和客户值得信赖的优秀品牌。

3. Q 市某和卓远实业有限公司

见综合实力 10 强。

4. 上海外服（Q 市）人力资源服务有限公司

上海外服（集团）有限公司（简称为"上海外服"，英文简称"FSG"）成立于 1984 年，隶属于东浩兰生（集团）有限公司。依托 36 年丰富实践经验和专业底蕴，已在全国拥有 163 个直属分支机构和 450 个服务网点，为 5 万余家企业的 300 万名雇员提供专业、高效的人力资源服务，超过 85% 的世界 500 强企业选择了上海外服的服务。获得 2020 年度 Q 市突出贡献人力资源服务机构（服务外包）、2019 年度 Q 市人力资源诚信机构、Q 市诚信企业等荣誉称号。

5. Q 市富颖海人力资源服务有限公司

Q 市富颖海人力资源服务有限公司，成立于 2004 年，业务范围包括：劳务派遣、人事代理、劳务外包、代交保险、职业介绍、培训教育等。公司于 2007 年在菏泽地区设立分支机构，注册为定陶友邦人力资源有限公司，相关业务遍及 QL 省、山西、河北、河南、陕西、新疆、广州、江苏、甘肃、上海等地的 100 多个县市区。公司全体员工在总经理的带领下，倡导"信誉重于生命"的工作理念，坚持以"诚信为本，服务至上"为宗旨，真诚付出，受到了社会的关注和好评。公司于 2007 至 2012 年多次被 Q 市劳动部门评为"诚信放心单位"，成为 Q 市行业标杆企业。

6. Q 市大熊企业服务有限公司

大熊企服是一家央企控股的共享经济服务平台。该平台是为中小企业提供包括个体户注册、劳动服务外包、税务筹划、收入结算、人工智能报税、园区招商等服务的共享经济综合服务平台。大熊企服致力于成为国内一流的共享经济服务平台，为全国 4 000 万家中小企业从业者提供安全优质、方便快捷的服务。

（三）评价过程中发现的问题

1. 服务同质化程度严重，高端服务发展滞后

一方面，Q 市人力资源服务机构业务类型主要集中在劳务派遣、人事事务外包、招聘等初级服务方面，各类机构集中在低端市场，高端服务发展滞后，实行人海战术、拼价格，甚至由于"先照后证"的改革放宽了市场的准入门槛，使得一些非法黑机构扰乱市场秩序；另一方面，由于新劳动合同法的出台，对劳务派遣机构"三性"和 10% 比例的限制，劳务派遣公司将一部分业务转型成外包，因此，外包服务的机构数量也较多，其实质是"假外包，真派遣"，劳务派遣的业务量并没有减少。外包业务有资质的限制，为了拿到资质，部分人力资源服务机构成立新的公司，但本质还是两套牌子，一套人马，造成市场秩序的混乱。

2. 市场存在垄断现象，行业分割严重

调研过程中发现，人力资源服务市场存在垄断现象，尤其是大型国有企业和原来隶属于劳动、人事部门后来市场化出来的部分企业，垄断现象严重，行业分割明显，以劳务派遣机构代表性最为明显。一方面是机构自身的资源丰富，由于国有企业品牌优势，中小民营企业存在市场进入壁垒，占有的市场份额较小；另一方面，原来隶属于政府部门的企业，虽然实现了市场化运营，但机构内部有原来上级主管部门的人员任职或者聘用为顾问，由于人脉关系，业务开展相对容易，是民营中小型企业所不能企及的，因此，市场未能形成公平、良性的竞争环境。

3. 社会对人力资源服务认可程度较低

一方面，由于人力资源服务市场缺乏有效监管，使得黑中介扰乱市场秩序，进而对整个行业的口碑产生负面影响；另一方面，由于人力资源服务机构自身制度缺陷，从业人员整体素质水平不高等多种原因使得提供的

服务缺乏规范，服务质量没有保障，且服务对象对机构的资质无法辨别。以上两个原因导致Q市人力资源服务机构的社会认可度较低。

第二节　数字时代人力资源服务企业竞争力提升机制

一、数字时代人力资源服务企业竞争力影响因素分析

（一）产业平台生态嵌入（PEE）

产业平台生态嵌入是指人力资源服务企业通过将自身嵌入产业平台生态中，实现对产业平台生态系统内的资源共享与利用，通过与生态系统内的其他企业互动与合作发挥互补资源的协同效应。人力资源服务企业嵌入基于数字平台的产业平台生态系统之后，可以获取与整合各种数据资源，通过数据新要素的介入与数字化赋能可以开发相关人力资源产品与服务。

随着数字技术的发展，产业平台生态系统逐渐成为企业产品和服务创新的重要来源，能够通过数据资源与非数据资源的聚合形成庞大的资源池，进而为生态内企业提供资源支撑。因此，人力资源服务企业嵌入产业平台生态可以实现对产业平台生态系统内的数据资源共享与利用，一方面可以缓解自身数据资源不足的问题，另一方面可以基于数据资源的支持实现与参与者的深度互动与合作，发挥各自优势资源的协同效应。资源编排理论指出，企业可以通过构建资源组合、利用捆绑资源产生能力和运用能力创造新价值的资源管理过程，解决资源来源、转换与使用等问题。循此逻辑，人力资源服务企业嵌入产业平台生态能够解决企业数据资源获取与利用问题，进而提高人力资源服务企业在数字经济时代的竞争力。

（二）数据流耦合（DC）

数据作为企业必不可少的战略资源已经毋庸置疑，但只是获取数据是

不够的，人力资源服务企业只有在获取外部数据的基础上，结合已有的数据资源对数据进行融合转化，才能激发企业创新活力，进而提高企业的数字创新能力和竞争力。借鉴知识管理中知识流耦合的概念，本书定义"数据流耦合"表示内外部数据互联互通形成的互补和兼容状态。数据流耦合有助于数据的重组、转化，从而提升数据的利用效率，不断催生新灵感、新产品，有利于提高企业数字创新能力，这与资源编排理论的观点相吻合。企业通过嵌入产业平台生态获取所需数据资源，通过数据流耦合转换与使用数据资源，在此基础上通过数据资源与非数据资源的协同最终实现数字创新能力和竞争力的提高。

数据是数字化时代驱动经济发展的核心要素，若要充分发挥数据要素的价值，则需对数据进行汇聚、打通、利用等操作，确保数据能够在不同主体之间流通和整合。基于动态视角，人力资源服务企业在数字时代的产品或服务创新是通过数据的流通、数据的互相作用来赋能创新的，借鉴知识管理中知识流耦合的概念，可将数据赋能创新的动态机制称为数据流耦合。数据流耦合本质上是不同主体之间开展数据互联互通，并对获取的数据内化融合，最终发挥数据价值的过程。从作用上来讲，数据流耦合涉及数据的融合、编码和转化，企业通过耦合机制对数据进行获取和重组，优化业务流程，不断催生新创意、新技术，有利于提升企业经营效率和竞争力。

（三）数据治理能力（DGC）

在现实当中，人力资源服务企业嵌入产业平台生态中并不一定能实现对多方数据的有效耦合，这是因为：一方面，产业平台生态系统内的海量资源池并非都是可利用的、高质量的数据资源，如不加以甄别，容易造成数据冗余、数据失真等问题；另一方面，人力资源服务企业所获取的数据面临传输、存储、标准化等过程，如不加以监督，容易造成数据泄露、数据失效等问题，不利于数据流的耦合。因此，在数据获取、利用的过程中离不开数据的治理，人力资源服务企业只有切实提高自身数据治理能力，才能充分发挥数据资源的价值。

作为一个相对新兴的研究领域，数据治理在学界和业界都受到了广泛关注，在数据科学研究领域，数据治理指对数据存储、访问、验证、保护和利用等采取科学的管理活动，能够促进企业对数据的有效利用。从与数据的关系来看，数据治理可划分为"依靠数据治理"与"对数据的治理"，前者把数据视为一种治理的工具，后者把数据视为治理的对象，两者互相联系，实际并不冲突。本研究以嵌入产业平台生态的人力资源服务企业为研究对象，侧重于对数据本身的治理。基于现有研究可将数据治理能力定义为：人力资源服务企业建立在数据存储、访问、验证、保护和使用之上的一系列程序、标准、角色和指标，希望通过持续筛选、分析和监督，确保高效地利用数据的能力。

二、数字时代人力资源服务企业竞争力提升机制模型

（一）产业平台生态嵌入与数字化服务竞争力

首先，产业平台生态系统实现了数据资源的共享与利用，随着平台汇集的用户群体逐渐增多，其中所积累的供应、生产、营销、物流等数据资源也越丰富，使得嵌入其中的人力资源服务企业可以充分挖掘与利用数据资源库，根据资源编排理论，人力资源服务企业对于数据资源的整合、利用将会使这些数据资源转化为自身资源形成的能力，从而提升数字化服务的竞争力。具体而言，就是企业根据自身发展战略选择产业平台生态中的数据、物质、技术等资源对自身的研发、生产、销售等多个环节进行数字化重构，如在产品开发阶段通过技术重组将数字技术、数据资源应用到产品与服务的创新流程中，在过程管理与产品推广阶段运用数字技术、数据资源将流程变得更加透明、将营销变得更具针对性，从而以低成本、高技术推动产品与服务的数字化升级。

其次，人力资源服务企业的数字产品或服务创新强调数字技术在创新过程中的应用，而数字技术包括设备层（硬件及操作系统等）、网络层（网络传输设施等）、服务层（应用软件等）以及内容层（用户信息等）（刘洋、

董久钰、魏江，2020）。基于数字技术融合与基础设施共享的产业平台生态系统具有共享性、无界性、一致性、开放性等特点，不仅能够提供完善的硬件与软件设施，而且能为嵌入其中的企业提供多样性数字技术以及供应商、用户信息等，基于此，利用完善的数字基础设施，企业能够识别各种机会进行技术组合，快速改进或创造新的产品与服务以应对灵活敏捷的外在需求变化，促进数字产品创新的产生以及加快创新的速率。

最后，嵌入产业平台生态的人力资源服务企业可以借助平台的智能算法与双边用户的数据进行智能匹配，在有效减少信息搜寻成本的同时实现多方数据的共享与精准匹配，从而在更广域的范围寻求合作伙伴，寻求更多与自身资源与能力互补的合作伙伴。在此过程中，嵌入产业平台生态系统的企业越来越倾向于改变传统的组织结构，企业间的创新合作方式也由单链式向网络式转变，这种基于数字技术、智能匹配的网络式的合作创新活动意味着会融入更多新创意、新技术与新资源服务，促进企业新产品与新服务的产生，进而提升企业的数字化服务的竞争力。基于上述分析，提出如下假设：

H1：产业平台生态嵌入对人力资源企业数字化服务的竞争力具有正向促进作用。

（二）数据流耦合的中介作用

首先，产业平台生态嵌入会促进人力资源服务企业的**数据流耦合**。第一，各个企业在续存期间会积累面向不同行业、不同市场的**各种类型的数据**资源，人力资源服务企业嵌入产业平台生态后可以基于合作共赢观念与其他参与企业开展互动交流，进而促进数据在不同利益主体之间流动。第二，产业平台生态和实体企业深度融合，如商业企业、非营利机构、公共机构和其他中介机构等，加速了经济活动的泛数据化，积累了海量的数据，包括业务数据、流程数据、运营数据等。第三，产业平台生态系统本身融合了云计算、物联网、大数据等多种新兴技术，辅之数字基础设施，方便了数据在不同主体之间低成本、快速流动。第四，产业平台生态凭借其开放性和网络性，可以吸引更多的参与者融入其中，带来强劲的数据资源集结能力，加速生态内的数据流动。因此，人力资源服务企业嵌入产业平台生态后加速了企业与外界的数据交流，并且在数据流动过程中还会产生新的数据，即企业嵌入产业平台生态后促进了企业内外数据的耦合，激活了数据要素的价值。

其次，嵌入产业平台生态后的数据流耦合有利于推动人力资源服务企业的数字产品或服务创新。数据是企业发展的核心资产和新兴生产要素，是数字创新的第一生产要素。根据资源编排理论，数据积累可以激发创新活力，提升创新效率，但仅仅拥有数据资源并不能确保竞争优势，需要进行积累、整合和利用，深入挖掘其创造价值的潜力，即在获取数据资源的基础上，对数据流的有效耦合才有助于数字化服务竞争力的提高。第一，当产业平台生态内的数据流入企业后，企业通过数据流耦合，可以构建新的数据资源组合，有利于企业以一种更全面、更灵活的视角审视创新活动中遇到的问题，激发企业创新活力。第二，数据资源的融合重组有利于突破信息壁垒，促进新想法、新创新的诞生，数据流耦合可以促进数字加工、数字标记等产业增值，此外还可以与传统要素结合形成新产品，进而提升企业数字产品或服务的创新绩效。第三，人力资源服务企业通过对产业平台内相关数据进行内化融合，可以找出企业自身存在的问题，优化业务流程，补齐技术短板，进而不断凸显数据要素在数字创新中的价值；还可以通过对产品消费数据、目标群体行为习惯数据的分析转化深入挖掘用户或市场的潜在需求，从而有针性地开发新产品、推出新服务等，不断提升企业的数字化服务的竞争力。基于上述分析，本书提出如下假设：

H2：数据流耦合在产业平台生态嵌入和数字化服务竞争力之间发挥中介作用。

（三）数据治理能力的调节作用

数字经济时代下，数据治理能力有助于加快企业转化获取所需的数据资源，促使其嵌入产业平台生态获取数据资源并转化资源形成能力，这契合资源编排理论的思想。首先，数据治理能力提高人力资源服务企业数据筛选能力。高数据治理能力下，企业嵌入产业平台生态的数据资源能更快速地筛选出异质性资源并去除冗余数据资源，进而强化产业平台生态嵌入对数据流耦合的影响。其次，数据治理能力促进人力资源服务企业数据分析能力。高数据治理能力的企业能更好地构建数据组合，发挥数据真正作用并将其及时处理、转化，企业数据流耦合的效率相对也较高。最后，数据治理能力可以有效监督数据获取、转换、应用等流程。高数据治理能力下，企业间数据共享得到保障，因而更愿意数据共享。同时企业内部数据转换、应用等流程得到有效监督，从而保障数据流耦合高质量地开展。反之，当数据治理能力较低时，尽管人力资源服务企业嵌入产业平台生态获取了数据资源，但是其筛选、分析数据资源的能力极其有限，数据的融合、编码和转化效率较低，数据流耦合效果也并不理想。基于上述分析，提出假设：

H3a：数据治理能力正向调节产业平台生态嵌入与数据流耦合的关系。

数据治理能力能通过持续筛选、分析和监督等环节，确保数据的高效利用，人力资源服务企业可通过数据治理能力的提升，优化企业嵌入产业平台生态来提升数字化服务竞争力。首先，人力资源服务企业通过数据治理能力可以提高自身数据筛选能力。在高数据治理能力水平下，企业通过产业平台生态嵌入可以更精准地获取所需数字创新资源，减少了数据资源与技术搜寻的成本，有助于产品设计多样化改进，进而对产业平台生态嵌入到数字化服务竞争力的提升过程发挥更加积极的作用。其次，数据治理能力加强了企业数据分析能力。具有高数据治理能力水平的企业能更容易、更快速地分析所获取的数据资源，并促进资源的有效转换与利用，极大地缩短产品研发周期，以最快的速度响应用户需求。最后，数据治理能力通过监督数据处理流程，保障了企业数字创新活动的有序开展。高数据治理能力水平下，企业嵌入产业平台生态获取数据资源到有效识别数据资源，再到精准分析数据资源得到有效保障。数字化服务过程中遇到问题时能够及时解决，提升了数字化服务的质量和效率。反之，低数据治理能力水平的企业依然存在资源识别能力低以及资源冗余等现象，无法对用户需求快速、精准响应，数字化服务活动开展不顺利。由此可见，数据治理能力弥补了企业资源和能力的不足，并强化了产业平台生态嵌入到提升数字化服务竞争力的过程。因此，提出假设：

H3b：数据治理能力正向调节产业平台嵌入与数字化服务竞争力的关系。

据 H3a 和 H2 的推断，数据治理能力会正向调节产业平台生态嵌入与数据流耦合的关系，同时产业平台生态嵌入可通过数据流耦合的中介机制间接影响数字创新。因此，判断数据治理能力也极有可能会调节数据流耦合在产业平台生态嵌入与数字化服务竞争力之间的中介效应。这主要源于如下原因：在高数据治理能力水平下，企业嵌入产业平台生态不但有助于企业获取、转换资源的能力的增强，而且有助于数据流耦合高质量地开展，通过构建新的数据资源组合，有利于更全面、更灵活地审视创新活动中遇到的问题，激发企业创新活力，为数字创新发展提供必要的数据准备。反之，在低数据治理能力水平下，即使企业嵌入了产业平台生态，由于其筛选、分析能力低以及无法对数据流程实施有效监督，其数据流耦合也开展缓慢。低效的数据流耦合将导致企业对流程或业务数据内化与融合的效果不佳，响应用户需求缓慢，产品设计周期加长，均不利于数字化服务竞争力的提升。因此，提出假设：

H3c：数据治理能力对数据流耦合在产业平台生态嵌入与数字化服务竞争力间的中介效用具有调节作用。

综上假设，可以建立如图 3-1 所示的理论模型。

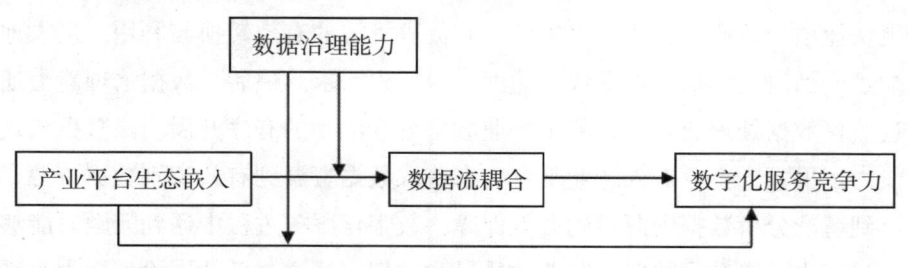

图 3-1 人力资源服务企业数字化服务竞争力提升机制模型

三、数字时代人力资源服务企业竞争力提升机制检验

（一）量表设计与数据回收

产业平台生态嵌入采用赵慧娟等（2022）开发的量表，该量表共包含 5 个题项，如"贵企业以平台企业为桥梁，可调配生态资源池内的可用资源"，该量表的信度系数 α =0.902，CR=0.902。数据流耦合在吴言波（2016）开发的知识耦合量表基础上，结合数据流的特点进行措辞的修改而成，共包括两个维度 10 个题项，如"通过平台生态获取的新数据能使原有数据资源发挥更大作用"，因子分析二阶因子拟合效果较好（χ^2/df=1.285，RMSEA=0.024，SRMR = 0.019，CFI =0.996，TLI = 0.995），信度系数 α =0.897，CR=0.898。数据治理能力结合数据治理的概念，在芮正云和罗瑾琏（2016）采用的知识治理能力的基础上进行修改提炼，共得到 9 个题项，如"企业具有明确的数据战略""企业具有数据管理部门""企业具有用数据说话的文化""企业的数据管理有高效的管理流程""企业有明确的数据治理制度""企业重视内外数据的共享""企业有专门从事数据管理的高端人才""企业具有先进的数据治理技术""企业有完备的数据处理信息系统"。因子分析显示该单维度因子拟合效果较好（χ^2/df=1.207，RMSEA= 0.020，SRMR =0.016，CFI =0.998，TLI = 0.997），信度系数 α =0.910，CR=0.910。数字化服务竞争力（DIP）借鉴周小刚等（2021）使用的量表，并对部分题项的表达作了措辞上的修改，保证了本土的情境适用性。该量表共有 3 个题项，如"在同行业内，我们的数字解决方案的质量更高"，该量表的信度系数 α =0.888，CR=0.889。控制变量：根据已有研究，本书选取企业年龄、企业规模、企业性质（是否国企）、服务项目作为控制变量。

本次调研通过线上线下相结合的方式进行正式调研，起始于 2021 年 3 月，持续到 2022 年 1 月，具体细节如下。①线下调研研究对象主要是 Q 市当地企业，通过在人力资源服务企业任职或与企业有联系的学院老师、

MBA学员或一些商界人士搭建桥梁，与企业提前进行沟通并确定调研时间，在征得企业同意后前往收集数据，采取问卷发放、现场回收的方式对中高层管理者进行调查。②线上调研借助学院老师、MBA学员以及团队成员的人际关系网络，寻找不同地域的人力资源服务企业作为调研对象，与其中高层管理者取得联系并征得同意后，通过电子邮箱、微信等方式向其发放电子问卷并告知调研事项，最后将问卷通过相同方式返回。为了提升数据的真实性与可靠性，在调研前与调研对象进行仔细沟通与确认，并表明数据的保密性与重要性，最后通过赠送小礼物的物质激励方法提升被调研人员的兴趣与表达欲望。正式调研共回收问卷649份，剔除信息不完整、选项完全一致等无效问卷，最终回收有效问卷512份（有效回收率为78.89%）。

（二）假设检验

1. 直接效应检验

本书在SPSS 25.0中采用层次回归方法检验直接效应，在表3-18中，将产业平台生态嵌入作为自变量，数字化服务竞争力作为因变量做回归分析，由模型4可知，平台生态嵌入对人力资源服务企业数字化服务竞争力有显著正向影响（$\beta=0.322$, $p<0.01$），由此，假设H1得以验证。

2. 中介效应检验

本书采用逐步回归方法与Bootstrap并行的方法检验数据流耦合的中介作用。首先，通过逐步回归方法，由模型2可知，产业平台生态嵌入对数据流耦合有显著正向影响（$\beta=0.382$, $p<0.01$）；由模型5可知，数据流耦合对人力资源服务企业数字化服务竞争力有显著正向影响（$\beta=0.384$, $p<0.01$）；进一步地，模型5说明，在加入数据流耦合后，产业平台生态嵌入对人力资源服务企业数字化服务竞争力的效应值减弱（$\beta=0.176$, $p<0.01$），而中介变量的效应值显著。由此可知，数据流耦合在产业平台生态嵌入对企业的数字化服务竞争力之间发挥中介作用，假设H2得以验证。

表 3-18　回归分析结果

变量		DC		DIP		
		模型 1	模型 2	模型 3	模型 4	模型 5
控制变量	C1	0.030	0.020	0.026	0.017	0.009
	C2	0.062	0.030	−0.011	−0.038	−0.050
	C3	−0.138*	−0.079	−0.221**	−0.172**	−0.141*
	C4	−0.135**	−0.134***	−0.136	−0.135*	0.084
自变量	PEE	0.382***			0.322***	0.176***
中介变量	DC					0.384***
统计量	R^2	0.012	0.470	0.011	0.198	0.272
	$\triangle R^2$		0.458		0.187	0.074
	F	1.497	89.895	1.473	24.964	26.944

注：*** 表示 $p<0.01$，** 表示 $p<0.05$，* 表示 $p<0.1$，下同。

同时，本书利用 Bootstrap 法检验数据流耦合的中介效应，以弥补逐步回归方法的不足，通过对有效样本进行 5 000 次有放回的重复抽样，得到总中介效应和具体中介路径效应的非参数近似抽样分布，结果如表 3-19 所示，并构建第 2.5 百分位点（LLCI）和第 97.5 百分位点（ULCI）置信度为 95% 的中介效应置信区间。根据表 3-19 所示，产业平台生态嵌入→数据流耦合→数字化服务竞争力的路径值 $\beta=0.151$，且 95% 的置信区间为 [0.097，0.209]，不包含 0，间接效应显著。

表 3-19　中介路径 Bootstrap 分析结果

模型路径	β	SE	LLCL	ULCL
直接效应：PEE → DIP	0.174	0.039	0.097	0.252
中介路径：PEE → DC → DIP	0.151	0.028	0.097	0.209

3. 调节效应检验

本书认为数据治理能力能够正向调节产业平台生态嵌入与数据流耦合、产业平台生态嵌入与数字化服务竞争力之间的关系，利用 SPSS 25.0 进行层次回归分析检验中介效应。首先，检验数据治理能力对产业平台生态嵌入与数据流耦合的调节作用，由表 3-20 中模型 7 中加入交互项（产业平台生态嵌入 × 数据治理能力）后，模型拟合优度比模型 2 有显著提升，交互项前的系数为正且具有显著性（$\beta=0.127$，$p<0.01$），表明数据治理能力在产业平台生态嵌入与数据流耦合中起正向调节作用，即前文所提假

设 H3a 成立。同理，由模型 9 可知，加入交互项（产业平台生态嵌入 × 数据治理能力）后，模型拟合优度比模型 5 有显著改善，交互项前的系数为正且具有显著性（$\beta=0.090$，$p<0.05$），表明数据治理能力在产业平台生态嵌入与数字化服务竞争力的关系中起正向调节作用，假设 H3b 得以验证。

表 3-20 数据治理能力在模型中的调节回归

	变量	DC 模型 6	DC 模型 7	DIP 模型 8	DIP 模型 9
控制变量	C1	−0.023	−0.052	−0.013	−0.036
	C2	0.048	0.045	−0.039	−0.033
	C3	−0.074	−0.050	0.143*	0.138*
	C3	−0.099*	0.082*	−0.071	−0.076
自变量	PEE	0.376**	0.339***	0.191**	0.225***
中介变量	DC			0.335***	0.179**
调节变量	DGC		0.223***		0.148***
交互项	PEE×DGC	0.132***	0.127***	0.072**	0.090**
统计量	R^2	0.518	0.631	0.290	0.322
	$\triangle R^2$	0.136	0.113	0.018	0.032
	F	90.531	123.118	23.988	23.466

继续利用 Bootstrap 法检验被调节的中介效应，通过对有效样本进行 5 000 次有放回的重复抽样，得到中介效应在调节变量的不同水平下的参数估计如表 3-21 所示。可以看出在数据治理能力 DGC 的三个不同水平下，数据流耦合的中介效应之间存在显著的差异（Index=0.050，$p<0.01$），假设 H3c 得到验证，即：产业平台生态嵌入→数据流耦合→数字化服务竞争力的中介效应受到数据治理能力的正向调节。

表 3-21 被调节的中介效应 Bootstrap 分析结果

PEE → DC → DIP	β	SE	LLCL	ULCL
DGC：2.889	0.078	0.016	0.048	0.110
DGC：4.000	0.134	0.024	0.085	0.180
DGC：5.111	0.189	0.035	0.121	0.260
Index	0.050	0.012	0.030	0.074

根据上述分析结果，对数据治理能力的调节作用进行简单斜率分析，

数据治理能力在产业平台生态嵌入与数据流耦合之间的调节效应如图 3-2 所示,当数据治理能力较弱时,产业平台生态嵌入对数据流耦合有着显著的正向作用;当数据治理能力较强时,产业平台生态嵌入对数据流耦合有着显著的正向预测作用,其作用明显增强,表明随着数据治理能力的增强,产业平台生态嵌入对数据流耦合的预测作用呈显著升高的趋势,即数据治理能力增强了产业平台生态嵌入对数据流耦合的正向作用。同理,图 3-3 呈现了数据治理能力在产业平台生态嵌入与数字化服务竞争力之间的调节效应。由图 3-3 可知,随着数据治理能力的增强,产业平台生态嵌入对数字化服务竞争力的作用得到提升,即数据治理能力增强了产业平台生态嵌入对数字化服务竞争力的正向作用。

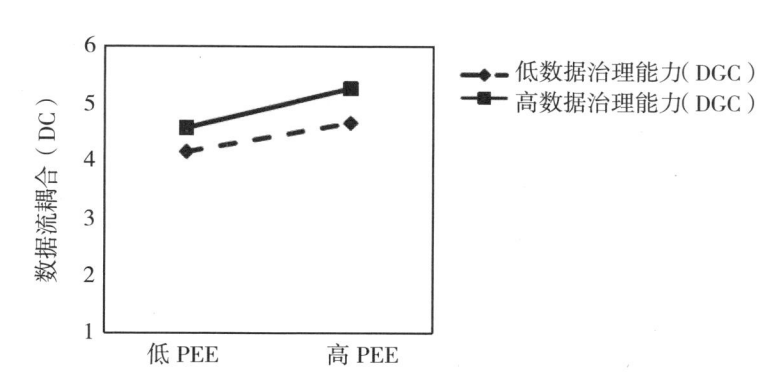

图 3-2 数据治理能力的调节效应图(PEE 与 DC)

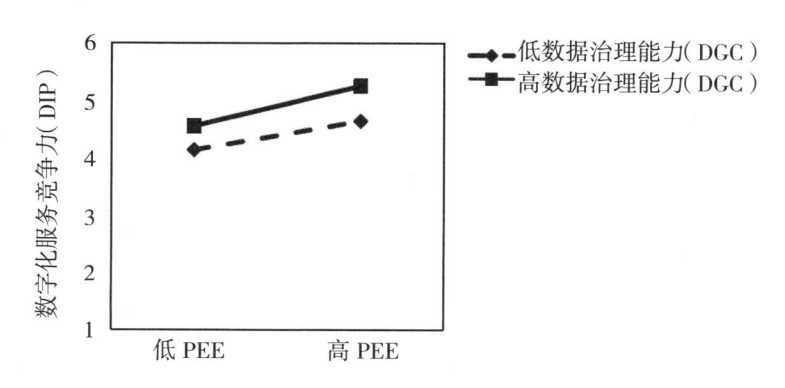

图 3-3 数据治理能力的调节效应图(PEE 与 DIP)

四、数字时代人力资源服务企业竞争力提升的启示

首先，在数字化时代，人力资源服务企业要重视数据要素在创新中的作用。党的十九届四中全会明确指出，数据是驱动经济社会发展和企业生产运营的新的生产要素。数据已成为数字化时代企业竞争力的代名词，是一种重要的资产。因此，人力资源服务企业应该重视数据资源在企业资产中的地位，以合理合法途径进行数据收集，同时做好数据防护，防止数据外泄造成客户隐私泄露，降低企业在客户心中的地位，明确数据短板，充分利用自有的数据资源。此外，人力资源企业可以通过嵌入产业平台生态增加企业与外界进行数据交流的机会，获取所需的数据资源，随后对数据资源进行融合分析，挖掘用户需求，促进技术发展与产品的迭代更新，提升企业的数字化服务的竞争力。

其次，良好的数据治理能力可以提升数据的质量，利于发挥数据的价值。在数字经济时代，人力资源服务企业应该建立数据治理框架，一方面对企业所收集的数据进行筛选和评价，剔除掉低质量、虚假的数据，保障数据的真实性、完整性和可信度，提升数据质量，降低因低质量数据带来的成本。另一方面，企业还可以积极与其他主体之间开展数据交流，借鉴其他企业数据治理的经验，提高企业自身的数据治理能力，进而助力企业做出具有前瞻性的决策，促进新技术、新产品的出现，提升数字化服务的竞争力。

最后，人力资源服务企业可依据自身实际情况选择自主构建平台或嵌入当地的工业互联网或产业生态平台，并积极主动地和生态内的其他主体进行交流互动，充分利用平台生态内的数据资源扩充、更新自有数据资源，从而促进人力资源企业的数字化服务创新。产业平台生态融合了云计算、物联网、大数据等多种新兴技术，是人力资源服务企业创造价值的重要情景，具有促进外部创新、协同多主体合作竞争等特性。在平台生态快速发展的时期，人力资源服务企业应及时做出决定，自主构建平台或嵌入当期的产业平台生态以分得生态扩张的红利，获取所需的资源，进行数字化服

务创新活动，不断提高企业自身的技术水平与资源利用能力，从而维持企业的竞争优势。

第三节 Q市人力资源服务企业提升竞争力的创新实践

一、FESCO：实施全流程招聘，提供数智化赋能服务

面对数字化转型趋势，北京外企人力资源服务有限公司（简称为FESCO）以产品生态与信息系统为双抓手，持续巩固行业优势地位。近年来，FESCO连续发布了综合智慧服务平台、国际人才综合服务平台、工惠通·智慧工会服务平台、万众e签电子签署等一系列智慧移动产品，至今已有95%以上的服务实现数智一体化。针对传统人工招聘时间长、效率低、投入高的问题，FESCO（Q市）借助总部强有力数字化平台的基础，经过不断总结和深入开发项目，调研客户及市场需求，开发了基于线上平台的"全流程招聘服务外包项目"产品，旨在全方位为客户提供招聘服务，输送人才，打造有价值的智慧人力服务生态。

FESCO（Q市）公司在2021年基于威海临港区、经区社会化招聘两个项目，探索并梳理了"全流程招聘"服务项目的标准流程及落地标准。同时为顺应数字化趋势、提高招聘中人岗匹配的效率和准确率，公司打造了"线上化全流程、云上招聘、大数据处理分析、可视化效果呈现"的特色招聘服务。

2021年度，FESCO（Q市）公司圆满完成的"全流程招聘"服务项目涉及医疗卫生行业、金融行业、政府机构、国央企、快销品企业等，独立组织并运行简历审核、笔试、面试、技能测试等环节50余场次，简历库扩充简历1.7万余份，在高效、专业、准确的基础上，圆满完成各项目的预计招聘人数，得到客户的一致好评，实现了经济效益和社会效益的双赢。倾心打造的"FESCO（Q市）招聘考试系统"于2021年3月正式上线，

经过不断经验总结、深度开发，目前已基本满足 FESCO（Q 市）公司招聘项目的全流程线上化服务需求，现已服务于医疗辅助人员招聘、政府辅助工作人员招聘、银行金融辅助工作人员招聘、Q 市 2 000 名公安辅警招聘、快销品营销人员招聘等多个项目，该软件系统于 2021 年 12 月取得"中华人民共和国国家版权局计算机软件著作权登记证书"。

人力资源服务行业正在迎来新的发展时代，FESCO（Q 市）公司将继续顺应数字化、网络化、智能化的发展要求，聚焦更深度的业务与数字化融合的变革创新，以数据驱动赋能人力资源服务，以有温度的服务和更智慧的平台为各种组织和人才提供全方位的人力资源综合解决方案，打造有价值的智慧人力服务生态，持续引领智慧人力资源服务新时代。

二、CQICC：搭建"微社群"生态，践行价值共创理念

中国 Q 市国际经济技术合作（集团）有限公司（英文简称 CQICC）经过 32 年的探索，秉持"搭平台、创精品"的理念，从传统的事务性执行者和经济体的周边配套，向赋能升级专家和组织发展战略伙伴转型，目前已经发展成为以党业融合为引领，以产才融合为核心，以"数""智"创新为支撑的国际化人力资源服务平台。

CQICC 通过挖掘自有人才库、沟通朋友圈、发挥政府平台作用，集合人才服务各方力量，有针对性地汇聚对口细分领域的高校院所专家、科研院所、技术转化生态中的上下游用人主体等资源，建立起了 Q 市第一个细分领域的人才服务"微社群"，通过打造以"微社群"为核心的生态化人才服务模式，由单打独斗的经营业态转变为联盟命运共同体的生态发展理念。

公司通过"微社群"生态化人才服务模式把人才服务的边界从基础事务性工作，扩延升级到包括人才技术评估评价、技术专利布局转化的"生态链式服务"，通过提供甄别人才团队关键核心技术先进性、精准促成成果转化，最终实现经济价值产出、提升核心竞争力的生态化人才服务，完

成了从"单一人才服务"到"生态化服务赋能"的根本转变。公司通过"微社群"将点对点的人才服务转为点到面的生态化人才服务,通过服务专家、技术、市场形成"微循环"。以"整合、融合、共享、服务"为指引,以提升科技人才服务软实力为基调,以"微社群"服务模式为亮点,公司致力于打通产、学、研三方壁垒,营造人才创新服务生态软环境。基于"微社群"各生态节点之间实现知识共享和技术共同研发,实现价值产出,打造了用人主体、专家人才紧密协作、产才深度融合的"微生态",从而能够集中优势资源解决具体问题,加速专家集聚和对接合作,使用人主体能够对技术和人才的储备、解决问题的实效充满信心,专注于市场开拓和改革创新。

"微社群"自建设以来,效果十分显著,截至目前,"微社群"内两个项目已经正式启动,另有四个项目已成功对接并开始进一步合作。"微社群"中的各方保持了高度积极性和参与度,这一生态化人才服务模式发挥出了精准为人才服务、为用人主体赋能,从而为行业创造价值的作用。通过"微社群"的运营,公司转变了思维方式,提升了格局视野,放大生态链中各方优势,让人才技术"不为我所有、但为我所用",实现"知识共享、技术共研",使各方价值倍增。

CQICC将继续秉承"微社群"生态化人才服务理念,加速与央企国企、科研机构、高校院所、高层次专家人才等要素的连接,通过加强技术、人才与产业间的信息资源互通"生态循环",进一步推进科技创新、高新技术转移转化等合作,推动实施知识产权战略,将"微社群"的生态化人才服务做得更加精准、更具前瞻性,覆盖更广泛的细分领域,服务产业链进一步攀升,持续不断地扩大"微社群"资源池,实现区域产才创新创业创造要素的集聚。

三、校企英才:品牌牵引,做创新的人力资源赋能者

校企英才集团通过构建"培育+匹配+平台"的人才服务模式,为客

户人力资源发展提供互联一体化生态服务系统，赋能人才和产业融合发展。发展15年，校企英才在金融、智能制造、信息技术、互联网营销、物流等领域为企业提供人才寻访、招聘流程外包、人力资源咨询、培训发展、薪税外包等人力资源服务，借助互联网垂直招聘平台和人力资源创意社交平台，为超过3 000家企业，20万人次赋能人力资源服务，成为众多优秀合作伙伴人才产业聚合供应商。

强化校企合作，实施闭环服务人才培育和引才配置。在高校高层次人才方面，校企英才通过建高校引才服务站、高校毕业生引才就业训练营等模式，建立完整的高校人才引进培育闭环服务，逐步打通和用人单位的"最后一公里"引才需求，已为校企提供了精准的企业需求和人才库，为校企发展提供充足的发展资源。在高校技能人才方面，通过校企共建、专业共建建立高职高专技能人才的培育和输出，定向为用工单位提供专业人才，建成培育、实习、就业一站式服务模式。

依托平台科技，创新招聘交付专业化精细化服务。校企英才在招聘方面，通过15年积淀的劳务人才库、高校人才库有效供给盘活人才资源，发展多年，人才库劳动力活跃度超过38%。通过交互式招聘矩阵建设，形成了稳定的市场用人策略，在疫情及其他特殊用人期间，校企英才招聘交付依旧有15%的年增长率。

争做行业标兵，提升品牌影响力。通过政府采购服务，建立了校企英才提供人力资源公共服务的专业度和美誉度，近些年，校企英才通过大学生基层岗、三支一扶、东西协作、街道社会综合治理服务、抗疫公益服务提升美誉度，建立了良好的品牌形象。提供公共服务同时，校企英才积极争创参与政府引导的各项评优评选，提升服务水平、创新水平的同时，利用荣誉政策和政府补贴单独编制成立公共事务部，提高校企英才整体服务水平。

发展多年，集团已建立成熟完善的校企培育人才服务体系，通过校企共建人才输出的营收占比超过全年的30%。目前已经获得省诚信示范、人力资源四星级服务机构等多项荣誉。经济社会的发展越来越讲究精细化、定制化服务，集团将站在市场和用才客户角度分析人才需求，当好客户人力资源部的战略和实施部门角色，充分领会和认知人才需求，和企业同步共赢发展。

四、Q 市亿猎：一体两翼，打造有影响力的品牌企业

Q 市亿猎网络科技有限公司（简称"亿猎"）按照"一体两翼"的管理布局，深刻洞察人力资源行业发展和变革趋势，面向未来布局大赛道、发展新业态。"一体"指专注垂直于快销行业的人力资源服务。深入研究行业细分，提升知名快销行业品牌占比率。"两翼"指借助新媒体时代打造亿猎品牌和依托亿猎商学院构建学习型组织。"十四五"时期，亿猎围绕培育具有产业生态主导力的企业目标，结合"一体两翼"管理布局，进一步巩固提升人力资源产业链竞争优势，加快打造属于自己的有影响力的品牌企业。

紧抓新媒体时代客户需求特色，亿猎设立专门的客服部，客服专员不仅需要进行百度推广等媒介的企业宣传，还需要进行企业的定期回访，了解企业真实的需求和公司服务的真实反馈。疫情期间，公司从原本的一对一上门拜访延伸出另一种新型的客户链接方式，打造创始人的微信视频号和公司的抖音视频号。其中在微信视频号中，创始人定期和合作客户或意向客户的企业高管进行同屏直播，互动行业动态并帮助客户企业进行宣传。平时通过创始人访谈的形式录制适合职业经理人的高纬度话题进行视频号的宣传涨粉，打造创始人的个人 IP 和个人影响力。

通过线上自媒体的推广，实现了公司创始人和客户以及人才之间的双向链接，第一时间获取服务的反馈，实现高质量的售后服务以及客户的不断复购。通过创始人的专业知识的输出，更好地提升客户和候选人的管理成熟度以及职业发展的成熟度，共同助力企业的发展长青。

身处互联网数字时代，创始人更要带头拥抱新时代新浪潮，变革创新新思路，走出一条属于自己企业以及可以推广的企业发展的新赛道。现在

的企业，大多还依靠企业的官网及荧屏广告的推广，怎样成为一家会说话的公司？亿猎的新媒体运营使用了这样一种方法。主动出击，近距离接触客户，通过线上的方式更好地与客户和人才互动，实现互利共赢。

五、职多多：举办蓝合会，提供蓝领市场高质量服务

职多多专注蓝领招聘领域。通过职多多招聘系统，用工企业和大中型人力资源机构可以将自己的招工信息发布到职多多平台的多个招工渠道，包括职多多网站、职多多App、职多多线下750余家实体招工门店；职多多门店用户、中小型劳务中介和独立劳务经纪人可以通过职多多获取全国非常新鲜、非常准确的招工信息和佣金价格。

自2019年开始，职多多连续举办三届蓝合会，蓝合会全称"中国蓝领人力资源服务合作发展主题峰会"。作为国内蓝领招聘交付方向的重要峰会，蓝合会于2019年在Q市首次举办，全国629家大中型蓝领人力资源服务机构参会，在业界引起了巨大的反响。2021年，第三届蓝合会以"回归根本、招聘为王、竞合发展、共享共赢"为峰会主旨，由职多多主办，中国人力资源社会保障杂志、中国人力资源社会保障理事会、Q市人力资源和社会保障局、Q市QLS区人力资源和社会保障局、Q市人力资源交流服务协会指导。

峰会聚焦于专注蓝领人力资源服务市场的发展方向，专注蓝领招聘的发展趋势与招聘渠道的升级方向，专注内部视角下的产品升级与团队专业化升级，专注蓝领招聘领域的甲方关注视角与需求方向，专注同行之间的竞合与赋能趋势等多个方向。

在2021年峰会上，发布了国内第一部劳务中介行业专著——《劳务经纪人实战手册》。蓝领人力资源服务行业经过几十年发展，从野蛮成长期跨入精耕细作的阶段，行业的升级之路就是从业者的专业化提升之路。职多多历时一年，将蓝领中介行业的昨天、今天与未来做了详细梳理，并结合六年1 100多个门店的运营经验编写了该书，赋能行业，共享共赢。

同时，在峰会平台上还发布了《工厂蓝领招聘市场–招聘费研究报告》。报告由职多多根据职多多平台上 7 441 家企业发布的 7 862 条企业招聘信息，以及国家统计局自 2009 年以来历年发布的《农民工监测调查报告》和其他行业文献，详细分析了工厂蓝领招聘市场中招聘费的来源、成因、未来发展趋势，同时对前一年度年招聘费的价格变化、形式变化等做了详尽的分析，引发了现场嘉宾对工厂蓝领招聘市场的深入思考。

职多多凭借在灵活用工市场中近六年的深耕，获得了包括中国行业十佳品牌、质量·服务·诚信 AAA 企业、QL 省著名品牌、QL 省名牌等诸多荣誉；凭借技术实力及优秀的商业模式获得了行业的高度赞誉，荣获了包括创新创业大赛全国优秀奖、"渣打银行"最具商业模式创新企业、Q 市蓝色之星、创客中国企业组优秀奖等诸多奖项。

六、丛林鹿：应战疫情，拓展农民工就地就业新出路

疫情的暴发对我国经济在短期内形成了较大的冲击，这对农民工这个特定群体的生存就业也带来了不容忽视的影响。首先，农民工收入有所降低，社会保障较弱。大部分农民工在就业中工作单位并没有为其缴纳任何的社会保险和公积金，新冠肺炎疫情的冲击使得农民工就业过程中在这方面的保障更弱。其次，返城复工受疫情管控影响较大。多地疫情频发，返城复工受限，造成工作岗位和工作机会流失。最后，健康、家庭因素等对农民工选择是否外出就业造成影响。Q 市丛林鹿人力资源有限公司（简称"丛林鹿"）作为 QLX 市最具影响力的人力资源机构，积极通过实际行动配合政府为农民工拓宽就业渠道，提供更多就近就业机会，保障农民工的稳定就业。

第一，拓宽就近就业岗位。疫情以来，丛林鹿积极组建并优化就业服务团队，与合作单位建立"日联络"机制，及时精准地获取合作单位的复产用工需求。同时对于未合作的企业，提供复工复产的公益人力资源服务，及时与用工单位对接，最大限度搜集用工信息、统计用工岗位。积极给企

业宣传政府出台的稳岗就业新政策，讲解政府援助复工复产稳岗就业的新举措实施细节，鼓励用工单位充分发展优势业务，拓展新的用工岗位，吸纳更多返乡务工人员就近就业。同时给企业强化用工方面的法律法规政策宣传，促进增强农民工就业的保险保障。

第二，建立流动式就业服务站。为明确目标服务人群，切实解决农民工就近就业问题，丛林鹿就业服务团队联合镇人民政府，共同举行"稳岗稳就业，复工复生产"专项招聘会。同时打造流动式就业服务站，将招聘会搬到农村大集上，把工作岗位送到选择就近就地就业的农民工身边，打破传播与受众信息不对称的壁垒，从而帮助农民工找准"门路"，吸纳返乡农民工"家门口"就业。

第三，强化技能培训和政策普及。就政府部门颁发的创业就业扶持政策进行及时有效的宣传和普及，引导无法按时返岗复工的青年农民工转变思维，引导依托新零售、无接触配送、现代物流业等新业态改变就业模式，或发掘自身优势就近就地创业，投身乡村振兴行列中。

Q市丛林鹿人力资源有限公司通过多举措并行、多场景发力，在2021年对接用工需求企业50多家，通过流动服务站举行"稳岗稳就业，复工复生产"专场招聘会，为返乡求职者新增了430多个就近就业岗位，切实帮助29家企业，顺利复工复产。

作为人力资源服务行业，不能局限于享受新兴市场带来的经济效益，要承担起社会责任，帮扶有需求的企业、深入就业困难群体，才能体现和发展人力资源行业的服务价值。

七、博雅国研：创新人力资源+，践行融合发展理念

博雅国研信息科技（Q市）有限公司（简称"博雅国研"），坐落在Q市QSB区，是一家以战略导向为核心的管理咨询公司，近年来，在改革创新、融合发展中，"人力资源+"方面的成果显著，主要聚焦以下四类。

第一，人力资源+增量战略与数字化转型创新案例。博雅国研帮助仕

邦农化拉通销售端从"市场洞察—商机—回款"的流程、以产品需求导向的产品研发与管理流程，建立健全经营分析体系，从多个维度形成业务能力优化后的管理闭环与增量战略保持一致的方向等，为仕邦农化创造增量。案例启示：人力资源+增量战略与数字化转型，要站在行业角度、产业链发展角度、经济角度全局思考，制定有针对性的提升方案和项目管理机制，保证公司关键人员充分参与项目，并将所学知识运用到实际业务之中。

第二，人力资源+工业互联网+产业链升级创新案例。辅导紫菜云完成工业互联网转型，推动基建物资产业链升级。助力紫菜云工业互联网平台通过"公司内部匹配+行业存量匹配+标准化新制"方式，为QL省高速路桥装备工程有限公司和山西路桥集团昔榆高速公路解决了新开工项目物资需求问题。案例启示：人力资源+工业互联网+产业链升级，要通过专业化的工业互联网平台打通产业链的上下游、在产业中形成合作优势方式解决，发挥产业集群优势，取长补短。

第三，人力资源+组织能力提升创新案例。与Q市博厚医疗股份有限公司共同成立管理咨询项目组，提出了"博厚医疗战略&组织融合发展体系建设建议"，重构商业模式，制定公司的中长期发展战略，并通过业务梳理，如病人和病例的梳理细分，对现有人才进行评价后制订人才发展图谱，针对核心员工设计自主绩效，完善核心员工在企业经营的经历，明确管理提升的战略控制节点；对公司发展所需的业务能力和组织能力进行体系性建设等。案例启示：人力资源+组织能力提升，要建立与公司发展匹配的人才管理和绩效机制，通过公司组织结构的调整，有效利用人力资源，全面推进公司的业绩增长。

第四，人力资源+促进内部创业创新案例。博雅国研用阿米巴企业组织管理模式，帮助海王化工梳理企业战略，建立经营哲学理念，导入PVI—共享制自主绩效模式系统解决方案。6个月后，海王化工获得显著成效，企业文化逐步走向开放、创新、信任，建立了清晰的组织系统，培养了与公司理念一致的经营人才：高层团队达成一致，团队育成"经营思维"，形成了自发的自主经营，员工从"管理执行者"彻底转化为"经营者"。

案例启示：人力资源+内部创业，是公司发展到一定高度，原有的组织内部管理不能满足公司快速发展的需求，公司借助成功的组织管理模式，建立行之有效的方式，以组织绩效最大化为导向的"高绩效"，活性组织文化正在潜移默化地形成，促进内部创业。

信息数字化时代，人才是企业的第一生产力。在激烈的人才竞争角逐中，"人力资源"承担着一个城市未来发展的核心动力。博雅国研信息科技（Q市）有限公司以社会前沿发展趋势为人才培养方向，通过人力资源+的创新方式，发挥自身培训咨询优势，促进QL省的人力资源服务，落实实体经济、科技创新、现代金融等协调发展，创新合作机制；优化行业业态结构、产业链集群、加快数字化转型、科技创新等方面的企业培育，并不断向社会输出多层次、多元化人力资源，为助力城市腾飞发展尽一份社会力量。

八、Q市名硕：全面提高人力资源管理的现代化水平

近年来，Q市名硕人力资源管理有限公司（简称"Q市名硕"）以加强基础工作为主，全面提高人力资源管理的科学化、规范化、高效化水平，并在做好人力资源基础性工作的同时，加强人力资源培训与开发、人力资源管理信息化和人力资源管理制度建设，努力开展业务，建立、健全人力资源管理系统。坚持政策方针的正确指引，为更多人员提供更好的人力资源服务。公司目前主要业务有：劳务派遣、人事代理、服务外包、人员招聘、技能培训、企业管理培训等。

Q市名硕为服务单位提供了完整与安全的档案管理服务，既减轻了其工作人员原有的工作强度，让人员可以从基础的工作中解放出来，从事自己专业擅长的工作，又提供了更加专业的服务，更好地解决了档案数字化、存放等问题。Q市名硕利用人力资源优势全面负责QJM区公共自行车的运营、调度、管理工作，并为调度管理中心配备专业的管理人员，为广大市民的绿色低碳出行提供有力的保障。Q市名硕积极为企业和求职者搭建就

业求职的服务平台，使企业和求职者能够面对面交流洽谈，全面了解双方需求意向。

Q市名硕通过专业化的、优质的人事代理服务，满足了服务企业在竞争中降低成本、提高效益的要求，助力客户企业从繁杂的人事管理业务中解脱出来，全身心地投入企业经营和市场开发中去。

九、世纪通运：着力与产业深度融合，创新外包服务

Q市世纪通运集团创始于1994年，是Q市"人力资源服务优秀品牌"、QL省"十大服务品牌"、"QL省就业创业工作先进集体"、"QL省人力资源服务领军机构"。自创立"世纪通运"品牌以来，世纪通运在服务上深度重视与产业融合发展，世纪通运的项目团队为企业客户提供的生产性服务从代理招聘、劳务派遣到岗位外包、业务流程外包，再到生产线整体外包、插入式工序外包、整体工序外包，模式在逐步升级，与产业深入融合，与企业深度合作，已成为600多家大中型民企、国企、央企及上市公司不可或缺的战略性合作伙伴。

世纪通运的生产性服务外包在合作项目的工艺流程优化、产品质量改善、生产效率提升方面均取得显著成绩，荣获客户的高度认同。在与家电生产制造商的业务流程外包合作过程中，通过组织变革的增值服务，为其基层团队导入"创新经营体"模式，为"小微主"提供一站式的HRO外包服务，为了协助其提升项目生产效率及产品质量，导入专家资源对其技术工艺精益改善，为客户配置先进的设备、工装工具，达到降本增效的目标；在为电子产品生产制造商几十条生产线外包项目中，世纪通运通过专业驻场团队的精细化质量管理与工艺装备改善技术，最大限度上提升其一次交验合格率，在世纪通运的创新薪酬绩效考核制度配置实施下，团队在及时完成订单交付的基础上实现减员增效；在某世界五百强企业的厂内物流服务外包项目中，因服务质量优效率高，集团在其全国子公司的同类业务板块中，全面推广了通运的BPO（业务流程外包，business process outsourcing，简称 BPO）业务模式，为其集团战略发展目标的实现提供了核心的支持；在与众多平台公司的项目工程人力资源服务外包业务合作过程中，在为客户解决了劳动力密集带来的用工问题的同时，充分发挥了组织的灵活性与敏捷性优势，与客户现场管理实现了无缝对接，为客户极大地提升了组织绩效、降低了用工成本，深受客户的信赖。

"服务好一座城，创行业先锋"是世纪通运的服务宗旨。近几年，招才招工难已成为用人企业乃至人力资源机构普遍面临的全国性难题。为更好地建设人才蓄水池，赋能百业，世纪通运本着以人为本的理念对产业迭代升级，自筹资金开发建设了通运智慧产业园，规划建设"人才赋能、金融助力、创新创业、产业集聚"的综合性人力资源产业示范园，通过整合人力资源产业链上下游各领域智慧服务机构优势力量，联合打造满足于企业全生命周期需求的一站式价值链服务平台，为人才就业创业提速加码，助力人才成长。通过构建"人才+科技+资本"的格局，为区域内的产业加速持续优化人才配置，赋能升级。

十、恒晟源：大力推动数字化转型赋能人力资源服务

QL 省恒晟源控股集团总部位于 Q 市，是一家以人力资源服务为主营业务，为企业提供全方位人才解决方案和一站式税筹落地的服务型企业。企业先后荣获"中国人力资源行业优秀服务商""中国人力资源行业最具影响力品牌""2020 年度 Q 市人力资源服务业突出贡献单位"和"QL 省 2021 年金牌劳动关系协调员"等荣誉称号。集团以人力资源、园区运营、企业管理咨询、培训服务、财税和知识产权服务、IT 服务六大板块为主营业务，依托"6+N"业务体系，实现综合产业布局。坚持以企业需求为导向，以客户利益为中心，秉承专业、高效的服务理念，以"线上+线下"双轮驱动服务模式为主线，坚持专注化、开放化、直营化、平台化四位一体的发展战略，是专业的人力资源解决方案综合供应商和客户值得信赖的优秀品牌。成立至今纳税引税 3 亿元。疫情期间，集团兼顾疫情防控和发展

创新，结合自身业务及社会职能，以数字化"组合拳"助力疫情防控和人力资源服务双向发展。

近年来，集团大力推行智能管理、无纸办公，打造共享服务系统。在集团领导的大力推动下，技术团队进行了"线上电子签系统"的开发，该系统帮助企业进行全程无接触、无纸化合同签署达 1 600 余份。电子化合同的签署不仅快速高效，还有效地避免了疫情期间的接触，同时无纸化又进一步帮助企业节省了成本。为进一步促进企业高效办公，公司还开发了共享服务系统，该系统包含数据看板、分类管理、企业客户列表、培训中心、销售机会、业绩管理、方案中心、财务管理等 16 大管理模块，旨在在有限的时间内创造更高的经济价值，推动社会经济发展。目前该系统已取得在线协同办公系统 V1.0、人力资源档案管理系统 V1.0、客户关系管理系统 V1.0、派遣人员管理系统 V1.0 等四大计算机软件著作权，在业内受到一定认可。

在受到疫情的冲击后，恒晟源集团转变思想、把握机遇，大力推动行业数字化转型。结合防疫要求，公司推出视频面试、在线带岗、线上招聘会等"不见面"服务模式，减少人员直接接触；配合企业实现员工信息可追溯、可查询，跟踪外包员工的健康状况，帮助服务企业制定疫情防控方案，协助落实防控措施，加强对外包员工的健康教育和健康提示，确保用工安全。在"恒晟源控股集团"微信公众号开设招聘专栏，汇集发布优质招聘信息，免费为用人单位和求职者搭建线上对接、自我展示平台。建立"恒晟源云聘"直播间，定期邀请知名企业、行业龙头参与直播带岗活动。远程面试系统主要通过视频面试来完成招聘的过程，可以使面试官快速了解对方，节约求职者和企业招聘成本，实现跨地区的招聘工作，破解疫情期间出行不便的难题。

随着社会的发展和企业信息化的不断推进，企业人力资源管理以及人力资源行业的数字化转型也成为趋势，QL 省恒晟源控股集团积极进行企业数字化改革，从烦琐流程、高费用和多人参与的传统管理，到数字化、信息化、专业化、精准化的新型管理，把数字化与业务流程标准化结合起来，把数字化与打破部门壁垒、加强协作结合起来，把数字化与管理变革创新结合起来，使得人力资源价值最大化。

第四节　高质量发展下人力资源服务企业的竞争战略

一、人力资源服务企业竞争战略分析与选择

（一）竞争战略理论分析

人力资源服务企业的一般形态通常表现为基于特定制度和市场环境的中介组织，以及服务于用人组织和就业群体的供应商角色。因此，其存在和发展的经济学逻辑从本质上体现在人力资源配置和开发的规模经济性、范围经济性以及交付弹性；其社会学逻辑则表现为有助于保障就业和人才发展、稳定企业内部劳动关系，以及平衡区域发展的社会公平性。

相应地，作为经营性人力资源服务企业，其发展动力、方向和路径一方面取决于特定的竞争战略，具体表现为服务一定数量客户组织和员工的规模比较优势，聚焦相关业态的范围比较优势，以及基于多元化用工服务的雇佣弹性；另一方面，也取决于服务机构所构建的商业生态，及其与相关生态主体之间服务、合作、竞争和协同等性质的关系构建。迈克尔·波特（Michael E.Porter）在竞争战略理论中提出的成本领先、差异化和市场聚焦三种基本形态，可以作为研判人力资源服务机构在高质量发展预期下竞争战略选择的理论基础。同时，迈克尔·波特提出的行业竞争分析的五力模型，以及詹姆斯·弗·穆尔（James F. Moor）提出的商业生态系统概念，可以从供应商、购买者、竞争同业等主体基础上进一步拓展和延伸，成为解释服务机构商业生态构建的理论基础。

基于现阶段我国人力资源服务机构发展的实际，其组织特征可能体现在体制背景、商业模式、资源禀赋、成长周期以及架构流程等方面，相关

类型服务机构在高质量发展预期下可能选择差异化的竞争战略、商业生态和组织发展路径。赫尔曼·西蒙（Hermann Simon）所提出的"隐形冠军"理论认为，中小规模的隐形冠军企业区别于大型集团化企业，在不具备规模和资源优势的前提下，前者往往通过战略聚焦、贴近客户需求、持续创新，以及依靠价值赋能而非价格战的策略，获得在细分市场中的占有率，以及技术和产品的领先地位。

（二）竞争战略选择

1. 大型企业的战略选择

中智、上海外服和北京外企是国有人力资源服务机构，分别成立于1987年、1984年和1979年，各自隶属于国务院国资委、上海市国资委和北京市国资委。从2008年至2021年已连续多年位列中国企业500强，且排名从趋势上体现出逐年提升的态势。其当前的年度营收规模都超过1 000亿元，服务客户企业数量平均在5万家左右，服务员工规模平均接近300万人，自有员工规模在3 000～5 000人。从主营业务范围上看，三家机构普遍以人事代理、劳务派遣和劳动关系外包为核心业务，其营收占比基本体现在80%以上水平；同时，以招聘猎头服务、薪税外包、培训项目外包、劳动法律咨询以及职能和业务外包等为延伸增值业务。从组织架构和市场区位看，三家机构体现出显著的矩阵式集团化组织特征，集团总部集中分布在北京和上海，于2012年前后完成了面向全国的分支机构和服务网点布局。

综上类型分析，三家集团化企业具有显著的领先型人力资源服务机构特征，成立于改革开放初期，总部位于经济总量和人才聚集度较高的一线城市，以国有全资控股为体制背景，拥有具备显著市场竞争力和社会影响力的客户规模，公共服务与经营性业务相互补充，在此基础上形成了以区域市场和业务范围为导向的网络化组织结构，其集团化品牌有助于整合并提升组织内部资源使用效率。

2. 中小企业的战略选择

"专精特新"中小人力资源服务机构在组织特征方面通常具备以下情形：成立于 2012 年以来在党和国家关于鼓励和引导创新创业、"互联网+"及跨界发展的政策激励下，总部既可能创建于北京等一线城市，也可能延伸到成都等较为活跃的新一线城市，通常由风险投资机构参股控股，创始人可能来自同业机构及跨界行业，业务范围聚焦于以互联网化为基础的单一业态，如法大大在电子合同签约领域、瑞人云在线上人力资源服务系统领域以及 BOSS 直聘基于"直聘"模式的线上招聘服务领域等，其业务规模具有在细分市场中快速增长并获得较高市场占有率的发展趋势，基于此形成了以研发、产品、市场和交付为主导的扁平化组织架构，以及贴近目标客户的区位布局，在品牌塑造方面更加凸显其技术、功能及服务价值的客户认知。

由此可见，领先型人力资源服务机构具有显著的服务规模和范围比较优势，市场进入周期更长，在一定程度上具备与政策规制主体趋同的制度背景，能够通过服务标准、价格体系、全国人事代理总包、信息化建设投入，以及储备和培养一定规模人力资源服务从业者等手段，获得相对稳定的客户关系及同业竞争力，从而体现出相应的资源引领型竞争战略特征，具体的资源要素包括客户组织、就业群体、品牌价值、公共关系、固定资产、管理经验、市场渠道及服务数据等方面。

对于"专精特新"中小人力资源服务机构而言，复制领先型人力资源服务机构的业务范围、产品结构和服务标准等，无法使其具备必要的规模优势，并可能面临相应的价格和成本压力。与之相对，选择差异化的客户细分及业态聚焦，更加精益的组织架构和管理体系，以及周期性的技术和产品迭代，有助于贴近、挖掘和满足客户需求，从而形成此类机构的制度和商业模式引领战略。模式的开创、推广、革新和商业生态构建，将成为其扩大细分市场份额，深化社会责任担当的战略选择。

二、人力资源服务企业竞争战略外部环境营造

（一）同业机构关系构建

1. 资源领先型人力资源服务企业

对选择资源引领战略的领先型人力资源服务机构而言，其同业合作与竞争关系主要集中在跟随型和差异化同业机构两方面。其中，跟随型同业机构比较依赖于区域属地化的公共关系和客户关系，业务范围在人事代理和劳务派遣等方面体现出与领先型服务机构的一致性，然而在服务规模上处于相对劣势，因此其可能依附于领先型人力资源服务机构的市场渠道或交付终端。如中智、上海外服和北京外企在全国人事代理服务分包过程中，通常将异地外服机构整合进其网络化服务体系，通过接包方管理体系不断优化异地外服机构的服务质量，并主导对于异地外服机构的委托价格调整机制。

另外，差异化同业机构既可能包含"专精特新"中小人力资源服务机构，又可能涉及来自金融和电商等行业机构的混业竞争，如平安好福利、招商银行薪福通及美团旗下的馒头直聘等。此类机构一般聚焦于细分客户群体，且专注于人事代理和劳务派遣等业务以外的单一人力资源服务业态，具备相应的技术和产品开发优势，但客户关系基础在短期内相对薄弱，运营管理经验有所欠缺。因此，领先型人力资源服务机构通常依靠于现有客户关系、市场渠道、服务平台和交付终端等资源基础，采取针对差异化同业机构的主导性供应商管理策略，或者排他性的复制策略。如上海外服等机构可能在市场竞争初期将电子合同签约服务机构的产品和服务以外部采购的方式整合进现有的人事代理服务体系，而后逐渐选择自建方式将电子合同签约服务标准化、模块化和流程化。综上所述，领先型人力资源服务机构在与同业机构的关系构建过程中，可能通过品牌赋能、价格主导、供应商管理，以及自主开发等方式，实现对跟随型和差异化同业机构的整合、控制和复制，从而拓展其资源基础，并加强同业机构对其的资源依赖性。

2. 模式引领型人力资源服务企业

对选择模式引领战略的"专精特新"中小人力资源服务机构而言，同业关系主要集中在领先型人力资源服务机构，以及聚焦于相同单一业态的中小人力资源服务机构。一方面，"专精特新"中小人力资源服务机构在初创期通常需要有效的市场进入，快速积累一定规模的客户关系，以验证其商业模式的合理性，因此可能主动嵌入于领先型人力资源服务机构的业务范围、客户关系及服务流程，从而间接拓展细分市场份额。另一方面，随着创新商业模式的逐步完善，以及品牌认知的逐渐增强，"专精特新"中小人力资源服务机构开始寻求直接满足客户需求，通过周期性的技术、产品和服务升级来实现其与聚焦于相同单一业态同业机构的功能比较优势，从而进一步扩大细分市场占有率。由此可见，"专精特新"中小人力资源服务机构可能通过外部嵌入和自我迭代相结合的方式，与相关同业机构展开合作和竞争。

（二）政产学研关系构建

1. 资源领先型人力资源服务企业

领先型人力资源服务机构通常的国有体制背景、公共服务与经营性业务的互补性、显著的客户规模，以及更加长期和稳健的市场存在，客观地决定了其在非正式用工和人事代理服务过程中的政策执行力，及相应的标准化和合规性水平。此类机构能够参与相关法规和政策的意见征询，如有关人才引进政策、劳务派遣暂行规定、灵活就业参与社保覆盖、人力资源服务产业园规划，以及人力资源服务行业职称评价体系建设等方面。因此，在公共关系构建方面体现出一定的规制辅助者特征。高质量发展预期下，领先型人力资源服务机构有助于推动劳动力资源的城镇化转移，协调区域发展不平衡矛盾，弱化相关产业调整可能带来的全社会结构性失业压力，同时也能够促进人力资源服务行业的自律发展，主动维护市场竞争秩序。

领先型人力资源服务机构在行业实践方面更加关注正式与非正式雇佣关系基于我国制度和市场环境的互动演化，以及全流程人力资源服务与企业内部人力资源管理之间的互补和替代性。其对政策和法规沿革过程的理解更加深入，市场进入周期更长，业务范围布局更加广泛，客户服务案例和数据更加丰富，组织内部的架构、团队、流程和标准相对成熟。因此，该类机构在行业内的标杆引领地位，能够形成人力资源服务行业最佳实践，并作为高等和职业院校的人力资源管理、劳动和社会保障、经济学、法学和社会学等专业向人力资源服务方向聚焦和深入的实证依据；进而，在课程体系开发、师资交流、人才培养及研究成果转化等方面实现行业发展与理论研究的互动。例如，自2007年开始，上海外服与北京大学人力资源开发与管理研究中心合作，连续多年推出《中国人力资源服务业白皮书》（2015年起更名为"蓝皮书"），动态地梳理和总结中国人力资源服务业的行业数据、最新法规和政策、发展趋势及模式比较。

2. 模式引领型人力资源服务企业

"专精特新"中小人力资源服务机构立足于产业跨界融合和创新模式引领，从根本上顺应了国家关于供给侧结构性改革和产业结构调整方向。然而，在技术和产品迭代过程中，其经济和社会合理性可能面临相应的不确定性，例如，如何保障客户组织及员工个人信息安全，以及如何保障劳动力供求双方的需求真实性等。因此，"专精特新"中小人力资源服务机构与公共关系主体之间可能体现出一定程度的规制引导者特征，其创新商业逻辑符合国家对行业的高质量发展预期，但也会导致相应的合规性制度约束。

"专精特新"中小人力资源服务机构在行业实践方面更加关注客户组织需求的分层和场景化，就业群体的身份特征、行为动机和选择偏好，人力资源服务产业与其他相关产业的跨界融合，以及互联网化、大数据应用和人工智能等对现有人力资源服务业态或产品的科技赋能。相应地，此类机构的创新商业模式客观上需要理论研究的有效支撑，进而参与推进相关科研成果转化，从而探索持续的技术和产品迭代。如BOSS直聘在2018年聘用具有国际化背景的计算科学专家，成立了职业科学实验室（career science lab，CSL），旨在研究企业及劳动者之间的动态资源配置系统。

（三）产业链关系构建

1. 资源领先型人力资源服务企业

领先型人力资源服务机构的资源引领战略和显著的服务规模，决定了其相对于客户组织在管理成本及雇佣弹性方面的比较优势，并形成一定程度的效率赋能，由此可能成为面向不同体制、区位和行业客户组织的共享人力资源服务中心，以及面向多层次劳动力群体的社会保障和就业服务通道。同时，领先型人力资源服务机构在公共关系构建方面的规制辅助者角色，保证了其服务的公平性和规范性，从而形成面向客户组织和就业群体的合规驱动力，有助于企业和谐劳动关系的持续改善，以及劳动者就业质量的保障和提升。

另外，就领先型人力资源服务机构而言，其客户关系可能分布于较为广泛的产业结构中，如教育、医疗、金融和消费品等，在向客户组织提供人事代理或劳务派遣等服务的同时，相关行业客户可能反向依赖于领先型人力资源服务机构的市场渠道资源，在员工健康管理服务、薪酬福利外包，以及继续教育和培训等细分业态或产品端开展战略性合作。例如，上海外服在向哈根达斯（中国）提供人力资源服务的同时，双方多年来在员工中秋福利等项目上开展深入合作，共同开发和推广凸显品牌价值的限定款冰激凌月饼。由此可见，领先型人力资源服务机构可能挖掘具有供应商属性的客户关系资源，并与之形成合作关系，既延伸现有服务业态和产品范围，又能够提高客户关系的退出成本。

2. 模式引领型人力资源服务企业

"专精特新"中小人力资源服务机构聚焦于特定业态的模式引领战略，主观上决定了其针对目标客户的市场细分，如BOSS直聘专注于科技型中小企业以及更加互联网化的"90后"就业群体，法大大专注于以网络化渠道及门店式管理为组织形态的服务型或销售型企业。进而，此类机构通过技术、产品和服务的周期性迭代，以满足客户组织的进阶性及场景化需求，从而实现相应的有效性赋能。如瑞人云在2017—2021年经历了5次产品升级，从最初服务于人力资源服务机构的基础性人事代理和劳务派遣操作，到集合客户关系管理、招聘及排班等多个子系统的人力资源服务全流程。再者，创新商业模式可以改变劳动力供求双方的认知和行为习惯，不断优化客户组织架构和管理流程，提升就业群体参与管理的实时性和自主性，从而产生相应的变革驱动力，客户组织及就业群体的活跃度和成长性因此受益。

另外，"专精特新"中小人力资源服务机构的服务业态相对更加聚焦，且在产品开发方面更加专注于自我迭代，因此供应商关系主要集中在关联性市场渠道和服务场景，双方能够在合作过程中建立和保持资源依赖关系。如 2021 年，劳动力综合管理服务商喔趣科技与法大大签署战略合作，作为聚焦各自业态领域的"专精特新"中小人力资源服务机构，双方致力于前者的人力资源数字化服务体系中嵌入后者的电子合同签约应用；又如喔趣科技在 2021 年联合企业微信，共同开发了人力资源服务 SAAS 工具"喔趣人事通"，旨在通过平台经济体的企业端服务生态，提供有关员工入转调离、移动排班、快速考勤和薪酬计算等服务。

三、人力资源服务企业竞争战略内部能力提升

（一）领导力开发

1. 资源领先型人力资源服务企业

领先型人力资源服务机构客观上需要在战略决策、管理规范、交易规则、内部人力资源管理以及运营体系等方面，具备面向组织内部各层级和外部商业生态的制度领导力，在兼顾公平和效率的基础上，保障制度体系的合理性、约束性和一致性，且能够结合外部环境变化，推进制度体系的渐进式调整。另外，领先型人力资源服务机构更加强调面向公共关系和客户关系的企业社会责任，以及面向内部员工和非正式就业群体的和谐劳动关系，因此还需要其各层级管理者具备相应的服务型领导力，关注和满足

"内部人"及"外部人"的理性需求,弱化潜在的利益和矛盾冲突。再者,此类机构在不断拓展其产品线和地方分支机构过程中,需要弱化潜在本位主义,实现客户关系、管理经验、资产和现金流以及人才数据等生产要素的共享和聚集,因此决定了其各层级管理者应当具备一定的要素整合领导力,去除相应利益壁垒和沟通障碍,以确保规模和范围经济性的效能转化。

2. 模式引领型人力资源服务企业

"专精特新"中小人力资源服务机构在其创新创业进程中,可能面临更加显著的复杂性和不确定性,因此首先需要其创始团队具备必要的价值领导力,树立并强化组织的经营愿景和文化价值观,进而不断增强团队成员对于模式引领战略的共识性。其次,此类机构可能结合客户需求变化趋势,不断优化现有产品和服务,调整相应的组织流程和交付体系,因此还需要其创始团队具备一定的变革型领导力,倡导组织成员坚持客户第一、适应变化和自我学习。此外,该类型机构普遍重视知识、技术和经验的跨界融合,强调数据资源等新生产要素的应用,不断重新定义产品和服务的功能性,而不依靠模仿、照搬和规模性扩张,因此其创始团队应具备相应的要素重构领导力,鼓励试错和批判性思维。

(二)员工队伍培养

1. 资源领先型人力资源服务企业

领先型人力资源服务机构通常具有更加显著的员工规模,职能和业务部门分工明确,上下级汇报关系职责清晰,内部人力资源管理体系相对成熟。结合组织的人才盘点及自身成长诉求,员工可能选择行政管理、业务拓展或专业技术等方面的职业发展通道,并经历相应的岗位轮换、多项目参与以及部室或区位间调动。因此,该类机构可能在内部人力资源服务市场的商业生态基础上,形成一定程度的内部劳动力市场,并以此作为其员工职业发展的制度和实践基础。进而,员工在内部劳动力市场中的认知、行为、产出和发展还依赖于组织认可、上下级授权、同事间信任,以及部门间协调配合,因此,完备的培训体系、集体协商及沟通机制等员工关系管理成为促进领先型人力资源服务机构与员工协同发展的制度和实践保障。另外，规制辅助者的公共关系、相对成熟的业务及服务模式、稳定的客户关系以及标准化的操作规范，有助于促进政策解读、经验分享和能力评价等方面的规范型学习，并成为员工职业发展的常态化实践活动。

2. 模式引领型人力资源服务企业

有别于领先型人力资源服务机构的内部劳动力市场特征，"专精特新"中小人力资源服务机构的组织架构和流程相对权变，其更加重视员工胜任力的互补性和绩效转化，员工的创新意识和流动意愿更加显著。相应地，此类机构的人才吸引、激励和保留，旨在服务于技术和产品的快速迭代，并可能形成以跨组织、跨学科和跨行业为特征的无边界人才共享模式，机构、人才和商业生态共同参与人力资源开发实践。此外，员工在服务于"专精特新"中小人力资源服务机构的过程中，更倾向于自我学习，主动参与相关教育背景、职业圈层和兴趣偏好的社交网络，并将自身的人脉资源及成果转化与组织的竞争力提升相结合。

（三）运营管理体系建设

1. 资源领先型人力资源服务企业

领先型人力资源服务机构更加强调对内部资源基础的集中管控，以及对所主导的人力资源服务市场体系的规则制定，因此在流程分工、汇报关系、目标分解以及资源配置等方面体现出显著的系统性特征，组织发展过程中的复杂性和不确定性随之相对弱化。再者，集团总部与分支机构以及各业务条线之间，需要在财务和人事制度、职责授权、贡献率评价和管理沟通等方面保持必要的一致性，从而有效降低潜在的目标冲突。另外，随着服务规模和组织边界的延展，机构的管理成本相应增加，员工人效及客户服务质量面临挑战，所以需要加强信息化建设、严谨的成本管控，以及全面的业务和财务审计等手段，不断提升运营体系的效率性，从而有利于提升组织整体的资源利用率和转化率。

2. 模式引领型人力资源服务企业

"专精特新"中小人力资源服务机构需要保持相对扁平的组织架构，合理限定其组织规模，缩短与客户关系的沟通距离，因此可能在运营体系建设方面体现出一定的开放性和权变性。在价值观趋同的前提下，组织可能积极推动自上而下授权和员工自我管理，并根据外部环境变化不断调整现有运营体系。如在产品迭代和市场推广过程中，组织既需要向技术和产品经理提供必要的资源支持，分担其试错风险，也需要结合客户需求的专属性，给予市场和销售人员相应的定价权和反馈机制。同时，此类机构区别于领先型人力资源服务机构所面临的效率性压力，反而更加强调聚焦和服务于客户的需求满足，因此显示出一定的有效性诉求，如在技术、产品或平台的功能测试，以及持续改善客户服务体验等方面。

第四章　人力资源服务产业园区的运营管理研究

人力资源服务产业园区，是为促进人力资源服务业发展、打造人力资源服务高地、联结企业人力资源服务需求、打造人力资源服务产业链而创立的特定区位环境。众多人力资源服务企业汇集在某一个或几个固定的场所寻求共同发展，人力资源服务产业园区通过有机整合各类资源，能够有效地发挥园区内各人力资源服务企业的优势，带动关联产业的发展，从而有效地推动产业集群的形成和产业发展。《人力资源和社会保障事业发展"十四五"规划》强调要加强国家级人力资源服务产业园规划和建设，新建一批国家级园区。鼓励有条件的地区根据本地经济发展和产业转型需要，培育建设一批有特色、有活力、有效益的地方产业园。开展人力资源服务产业园建设评估。本章主要剖析人力资源服务产业园区形成和发展的内在机制，总结国内人力资源服务产业园区的管理模式，介绍重点城市产业园区发展的特色经验。

第一节 人力资源服务产业园区的形成和发展

一、人力资源服务产业园区的形成和演化机制

（一）人力资源服务产业园区形成的时代背景

1. 产业转型升级对多元化人才的迫切需要

近年来，随着经济发展和产业结构调整，企业对人力资源需求的数量和质量发生了变化，同时，企业对人力资源管理专业化的需求也在逐步提升。对于人力资源服务企业而言，需要通过人力资源服务产业园的建设为人才引进提供更好的平台与渠道，通过引进各种类型的急需人才打破传统产业发展的瓶颈并带动战略新兴产业发展。

2. 培育新经济增长点的迫切需要

近年来，我国各地经济发展进入快车道，要想保持经济的持续、快速、健康发展，就必须不断培育新的经济增长点。人力资源服务业具有附加值高、关联度强的特点，是现代服务业的重要组成部分，通过推动人力资源服务业的发展，不仅可以推动其他相关产业的发展，提高服务于其他产业的水平和效能，而且可以通过完善人力资源服务产业链，丰富人力资源服务产品，增加人力资源服务业在地区经济社会发展中的贡献，从而形成各地新的经济增长点。

3. 市场对服务产品多元化的急迫需要

各地市场对人力资源服务产品存在较大需求，部分地区如上海、杭州等地对薪酬外包、福利外包、招聘和培训等产品需求迫切，对高端人力资源产品（管理咨询、测评、猎头等）的需求态势呈上升趋势，而当前人力资源服务产品的供给满足不了市场上对服务产品的迫切需求。人力资源产业园建设是集聚产业、丰富业态、完善产业链的有效手段，因此，要科学合理地推进人力资源服务产业园建设。

4. 促进人才回归的需要

各产业在发展过程中对人力资源服务的依赖性日益增强，完善与高效的人力资源服务产业链，才能满足企业发展对人才的需求，通过建立人力资源服务产业园，可以发挥人力资源服务产业的品牌效应，进而将人力资源服务产业作为各地对外招商引资的潜在品牌，同时也可以吸引外流人才回国创业就业，促进地方经济发展。

（二）人力资源服务产业园区形成的动力机制

1. 市场需求驱动机制

随着市场经济的进一步发展，行业之间的竞争也日趋激烈，基于此，各企业需要增强技术、引进人才，提高自身的核心竞争力，因此企业对专业化、多样化的人力资源服务需求更加强烈。但受人力资源服务自身特殊性的影响，也需要与人力资源公共服务组织结构进行聚集，从而满足市场的需求，实现自身的发展。可见，对人力资源服务企业的空间布局调整是市场和企业自身的需求，建立人力资源服务产业园区是大势所趋，也是适应日渐增长的人力资源服务量的时代需求，而市场的需求在此过程中发挥了关键性作用。

2. 关联产业驱动机制

在当前的市场经济环境下，各个产业之间都有着一定的关联性，就人力资源服务产业来讲，也对其他产业有着互补和推进作用，同时，其他产业的发展也增加了人力资源服务的业务量，两者是相互促进、共同发展的关系。两者的关联关系主要表现在以下几个方面。

（1）促进人力资源服务水平的提升。人力资源服务产业园区的建立，改变了传统的人力资源服务模式，在一定程度上提升了服务水平和质量。在园区内，集聚多个人力资源服务企业，在企业互相交流、共同发展的条件下，可以实现人才服务资源的有效整合、人才服务内容的优化、人才服务质量的提升、人才服务的创新等，从而促进企业的发展，增加企业经济效益和社会效益。

（2）促进产业转型升级。目前，专业能力强、技术水平高、具有创新性的综合型人才是各地区、各企业紧缺和急需的。建立人力资源服务产业园，在此平台的基础上，可以为各种类型的企业提供针对性的服务，提供企业需要的人才，实现传统企业的转型升级，并且带动战略性新兴产业发展。

（3）促进产业类型的丰富和繁荣。人力资源服务业属于生产性服务业，对于从业人员的综合素质有着较高的要求，同时该产业的辐射区域较为广泛，在园区的建设和使用上，秉持产业聚集、人才聚集的原则，最大限度地发挥出园区的聚集性作用，从而更好地推动科技的进步与更新，实现信息、知识的共享，进而促进区域的文化交流、经济发展。同时，通过建立人力资源服务产业园区，也可以推动人力资源服务业自身的发展，即提升企业服务档次、孵化新兴产业。

（4）促进城市工业企业的经济效益增加。专业人力资源服务的引进，可以帮助企业找到自身的优势，并将优势作为提高自身核心竞争力的业务来进行开发和利用，从而实现成本的降低、经济效益的增加。人力资源服务产业园区的建立，有利于改变传统工业企业"小而全、大而全"的情况，有利于缓解人力资源管理中造成的效率低、不专业的局面。

3. 比较优势驱动机制

比较优势是通过比较分析从而对有利因素的一种表述，在产业分工中通过对产业要素进行分析比较，进而达成合理的一种分工形式。就人力资源产业园发展而言，指的是除了集聚效应基础上产生的新优势，地方具有的其他比较优势。就人力资源服务产业园区来说，其比较优势主要是指制度环境、优惠政策、交通区域优势等。在产业群形成和发展过程中，比较优势是其一个重要动力源，而在人力资源服务产业园区的形成与发展过程中，政府优惠政策、制度环境等因素发挥了重要的推动作用。

（三）人力资源服务产业园区的演化机制

关于人力资源服务产业园区的形成与发展，从空间角度和历史角度对其进行分析，其是在集聚效应的作用下形成和发展的，即多数人力资源服务企业集聚于园区，进而发展成空间网络状。分析园区的演化规律和机制，就是对人力资源服务园区内企业的集聚规律、空间网络发展水平进行分析。人力资源服务产业园区形成和演化机制，如图4-1所示。

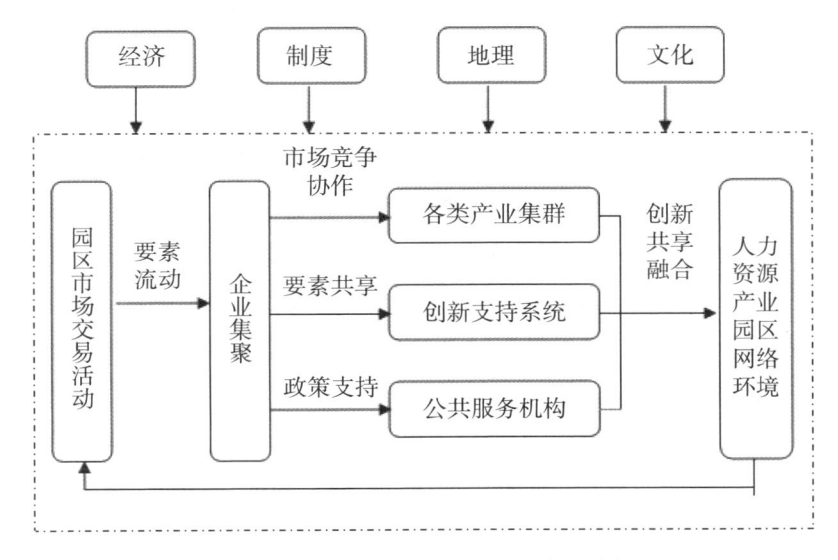

图4-1　人力资源服务产业园区形成和演化机制

由图4-1可以得知，在经济发展、制度健全、地理交通便捷、文化多元化的复杂背景下，人力资源服务业的发展趋向于多元化、多样化。为了进一步发展人力资源服务业，人力资源服务企业逐渐出现"抱团"发展的现象，为人力资源服务产业园区的设立和发展奠定了基础。随着园区的建立和发展，园区内外有交易活动的出现，借助要素流动集聚企业，在市场的激烈竞争环境下，企业间进行协作，形成各类产业集群；借助要素共享创新支持系统，在优惠政策、制度环境的影响下，公共服务组织逐渐进驻人力资源服务产业园区，进而形成了人力资源产业园区空间网络环境，促进了园区不同类型企业间的交易活动开展。

二、人力资源服务产业园区发展现状及存在的问题

（一）我国人力资源服务产业园区发展概况

1. 完成了"十三五"产业区总体布局

人力资源服务产业园区作为行业规模化、集约化的发展平台，经过10余年的积极探索取得了显著成绩。截至2021年，国家级人力资源产业园达到22家，在此基础上，2022年人力资源社会保障部、商务部又联合认定了首批12家人力资源服务出口基地（两者之间有交叉）。"十三五"期间，为构建现代化的人力资源服务体系，服务我国"一带一路"建设、京津冀协同发展、长江经济带发展、粤港澳大湾区建设等国家和区域发展规划，我国积极探索、大力推动人力资源服务行业集聚发展，深入实施产业园建设计划。

截至2021年，我国共有上海、重庆、中原、苏州、杭州、海峡、烟台、长春、南昌、西安、成都、北京、天津、广州、深圳、长沙、合肥、武汉、宁波、石家庄、沈阳和济南共22家国家级产业园区。2022年，北京、天津、长春、上海、苏州、宁波、Q市、武汉、长沙、重庆、成都、西安的12个产业园区入选首批人力资源服务出口基地，除了Q市之外，其余11家园区均为国家级产业园区。

23家国家级产业园区（基地）中，东部地区（河北、北京、天津、QL省、江苏、浙江、福建、广东、上海）9个省市共有13家；中部地区（河南、安徽、湖北、湖南、江西）5个省份共有5家；西部地区（陕西、四川、重庆）3个省市共有3家；东北地区（吉林、辽宁）2个省份共有2家。

产业园区建设为我国人力资源服务业区域协调发展和集聚发展打下了坚实的基础，形成了东中西部协调发展的合理布局，完成了"十三五"产业园区的总体布局。

2. 开启了"十四五"提质增效的新阶段

"十四五"时期，我国产业园开始高起点高标准建设，不断提升产业

园承载力。首先，园区规划结合国家重大战略实施和重大项目建设，以国家中心城市、区域中心城市以及国家级新区、高新技术开发区、经济技术开发区、中央商务区等产业集聚区域为依托，集聚产业、人才、科技资源。其次，国家级产业园载体规模不断扩大，园区建筑面积通常在 4 万平方米以上，多数园区建筑面积在 10 万~20 万平方米，更好地满足了园区企业办公入驻需求。最后，在条件成熟地区设立分园区，构建一园多区的布局模式，辐射带动效应更加显著，形成多元化、差异化、特色化的人力资源服务产业园区。

各地产业园区按照发展定位不断优化功能和产业结构布局，充分整合公共服务资源、行业资源、社会资源，加大招商引资力度，打造功能完善的人力资源社会保障公共服务体系和人力资源服务产业集聚发展平台，确保公共服务机构与经营性机构协同发展。产业园搭建了人社公共服务、工商、税务、市场监管等政府部门公共服务平台，聚焦了国内外人力资源服务知名企业，本地的人力资源龙头企业及创新能力强、服务业态新、技术含量高的中小企业。园区还延伸了金融、法务、会计、财务、餐饮、物业等配套服务机构，为入驻企业提供"全业态、一站式"服务，打造多元化、多层次、专业化的人力资源服务体系。

（二）我国人力资源服务产业园区存在的问题

1. 缺乏行业基础支撑，园区发展水平不均衡

由于各地经济发展水平不均衡，人力资源服务业发展存在区域不均衡现象，部分地区人力资源服务业发展基础薄弱、人力资源服务需求多为初级产品和服务，建设人力资源服务产业园缺乏行业基础支撑。部分产业园在机构数量和发展质量上存在明显差距，经营专业化和市场细分化程度有待提高，尤其是"互联网+"、大数据等新业态人力资源服务企业引进培育力度不够；服务功能单一，人才引进仍主要以就业招聘、劳务派遣等传统业务为主，从事人才测评、人才培训、高端人才寻访等新业态的较少，在全国有影响力的服务品牌较少，限制了产业园的服务能力和服务水平，

难以有效发挥示范、引领带动作用。

2. 管理体制尚未完全理顺，精细化水平有待提高

目前，部分人力资源服务产业园决策协调、管理运营、服务保障等职能缺乏清晰主体，真正实现"政府主导、企业运作、市场化运营"模式的园区较少。一方面，有些地方对产业园重视程度不够，尚未成立专门的产业园管委会负责对产业园进行运营管理，在市（区）层面也没有专门的机构负责运营管理；另一方面，部分产业园尚未成立市场化、专业化公司对产业园进行运营管理，且专业人才比较缺乏，管理精细化、标准化水平有待提高，运营管理理念相对落后，还仅满足于收取房租、提供一般性服务，推进产业园向纵深发展有很大难度。

3. 产业政策支持力度不足，政策有待完善升级

首先，现有的人力资源服务产业园扶持政策主要为当地政府提供的政策优惠，通常为市（区）一级政策，统筹层次较低。尽管国家层面出台了一些鼓励人力资源服务业发展的政策，但是产业园顶层设计、相关配套支持政策还有待完善，各级政府及相关部门协调联动机制尚未健全。其次，现有产业园政策主要为房租减免、税收奖励、引才奖励等传统的优惠政策，随着原有政策红利期的结束，以及新的管理模式、商业模式、新技术、新业态的不断出现，迫切需要加快制定完善新一轮的产业园优惠政策，推进政策的转型升级。

4. 产业园社会认知度不高，宣传推广有待加强

目前，人力资源服务业和产业园的社会认知度不高，部分社会公众对于人力资源服务的认知仍旧停留在传统职业中介的层面。人力资源服务产业园宣传推广不足，发展环境有待进一步改善，集聚服务优势、示范带动效应未能充分体现。园区优惠政策和服务项目宣传不够及时到位，企业对产业园相关政策和服务措施的知晓度不高。

第二节　国内人力资源服务产业园区管理模式

一、政府主导型管理模式

（一）模式特征及优势分析

1. 模式特征

政府主导管理模式下一般以管委会为主要的组织主体出现，管委会将通过联席会议或者是领导小组的方式来负责对整个产业园的建设以及发展方面上重要问题的协调与处理。在产业园区内部的具体事务上，管委会并不直接干预，政府在园区建设上主要是在产业布局、优惠政策的制定以及资金的投入和公共服务平台的建设方面发挥其功能。这种模式也是当前我国国内比较普遍的一种管理模式。

具体而言，如上海人力资源服务产业园实行"联席会议+联席办公室+服务中心"的管理模式。当前上海人力资源服务产业园在管理体制上主要存在着三个层面。一是决策层面。在决策层面上设立人力资源服务产业园区联席会议。联席会议组织者由负责人力资源服务工作的副市长担任，同时由包括市发改委、工商局等相关部门的人员在内共同组成联席会议。二是管理层面。联席会议下设负责具体事务的办公室，并成立园区服务中心。在针对有关园区发展的重大方针以及重大事项的裁决时，成员单位将集体进行讨论并决定。园区发展中将在工作小组之下设立办公室，办公室主要负责实施有关产业园发展规划和重要的工作计划。办公室将督导相关政策以及年度工作目标的完成情况。在产业园内部，大楼的运营主要由人才服务中心进行具体化的管理与负责。三是服务层面。服务中心由市人社局分管副局长、静安区分管副区长兼任。服务中心由市人才服务中心、静安区人才服务中心及区投资促进办公室组成。园区的运营管理由市人才服务中心具体负责。

2. 模式优势分析

人力资源服务产业园的建设初期，政府的强势介入会带头许多优势。政府的强介入将会发挥我国政府行政管理中的优点，从而实现产业园快速健康的发展。

一是地方政府能够通过宏观调控的手段来实行对园区的整体性规划与布局管理。地方政府是一个地区规划布局的主要制定及执行者。人力资源服务产业园本身就要求在一定地域或者空间内大量聚集人力资源服务企业，从而形成经济集聚效应，打造完整的人力资源服务产业链条。这就需要地方政府能够从整体性角度来考虑产业园的发展并对产业园进行统一规划布局。

二是地方政府能够为人力资源服务产业园提供更多的优惠政策以及雄厚的财政资金，从而为产业园的发展奠定基础。为了在建园初期就吸引相关企业落户园区，推动产业园快速走上轨道，势必需要一定的扶持优惠政策和财政补贴资金，而这一切也只能由地方政府完成。

三是这种模式有助于利用政府的关系网络以及政府的权威性来加强人力资源产业园与其他部门的联系，为产业园的项目审批工作提供相关的便利渠道，提高产业园的办事效率。在当前政治背景下，地方政府在推动产业园建设过程中，可以起到其他组织无法替代的作用。其中最明显的就是与外部其他政府部门的沟通、协调，解决园区实际困难，迅速推进项目。

四是地方政府强介入将能够消除投资者的相关疑虑，能够更好地招商引资，从而推动产业园项目的落实。鉴于我国强势政府的现实，由法律法规的约束带来的良好信誉以及庞大的财政资金担保，地方政府运作的项目仍然是目前资本市场上受投资者青睐的投资对象之一。

（二）政府主导型管理模式存在的问题

1. 政府管理体制层级过多，沟通协调机制弱化

在政府主导型管理模式中，人力资源服务产业园管理中有专门的管理部门对园区进行管理，但是园区的管理仍然是在传统行政区管理体制之内，

园区要接受上级部门的管理，无论是管理理念还是管理方法上，在管理过程中要能够接受组织的检查，同时在内部的管理上类比于传统的行政管理，自上而下处理形成行政事务，而且设置了较为繁多的行政部门，管理的幅度较大，无论是在横向的沟通协商还是在纵向的沟通协商上都没有相应的机制，导致各个部门只是处理自己部门内部的事务，对接上级交代的任务，这种方式造成管理体制活力不强，导致管理部门局限在行政事务上而只有极少的精力专注于人力资源服务产业园的发展上。

2. 政府管理偏好制约，差别化管理频现

人力资源服务产业园建立的主要目的是要促进当地经济的发展，因此在管理的过程中形成一种偏见，即对经济做出巨大贡献的企业在产业园中将与普通中小企业享受不一样的待遇。针对那些能够给园区带来产值的企业，园区管理上特别是行政程序上实现差别化管理，即企业能够快速地获得审批或者是由相关的行政领导负责融洽，而中小企业则要接受较为复杂的行政程序。在行政管理中，大型企业的意见相比于中小企业的意见将更为有效。这种差别化的对待抑制了中小企业的活力，阻碍了园区的长期发展。而事实上，中小企业因为自身的规模较小，在发展思路以及创新上比大型企业更有优势。园区的优惠政策对企业的转型升级以及企业日常运作将起着非常重要的作用，对园区的发展也有明显的带动作用，但是在管理偏好的制约下，这种优势作用并没有发挥出来。

3. 政府管理职权不明确，权责不清晰

管理职权是由管理体制赋予的，而管理体制的建立则要受到整个行政生态的影响。在中国的行政管理体制下，产业园的管理受到行政管理体系影响。产业园要发挥出活力就需要有更加自由的空间，而在政府主导型管理模式下，传统的行政管理中政府占主导位置，而企业并没有太多的话语权，特别是在产业园管理上，政府的职权并没有清晰化，在职能的设定上也存在不科学的成分，一些机构的设置过多，职能权限较大，在产业园管理中有些管理部门利益较大，人才流入较多，在利益的惯性推动下，这些部门的管理职能不但没有弱化反而出现职能扩张的情况，在人力资源服务产业园管理中经常出现多重管理的现象。在人力资源服务产业园管理上仍然存在着官僚制管理的特征，政府的职能权限过大，因此造成了园区的管理效果不够明显，严重影响了园区的发展速度以及发展质量。

4. 园区管理多元力量投入不足，机制不完善

在政府主导型管理模式下，园区的投入方面主要是由地方政府在政策以及财政上的支持与扶助，但是地方政府对园区的投入毕竟是有限的，园区中公共服务平台以及标准制定上缺少相应的资金注入，人力资源服务上的投资缺少持续性的保障，同时在园区的发展过程中一些中小企业得不到资金的支持。园区在发展过程中并没有向社会吸纳资金，通过社会途径解决投入的问题。地方政府相关管理部门是产业园建设的责任主体，从园区的规划到园区的政策服务供给上都是一手操办，从整体上看，政府部门成为园区管理的单一主体，园区在引入社会力量上的机制不完善，因此造成了园区在管理中呈现出以政府为主的倾向。民间社会资本对人力资源服务产业园的建设以及投入关注度不是很高，在园区的建设中还没有形成多元力量投入机制。

二、企业主导型管理模式

（一）模式特征及优势分析

1. 模式特征

人力资源服务产业园管理在不断地发展与改进，引用了市场化的思维方式进行运作，并且取得了较好的效果，克服了以政府为主导的管理模式所带来的各种问题。在以企业为主导型管理模式下，政府主要配合企业的工作，企业以自由的市场主体来开展管理工作。在新的历史条件下，人力资源服务产业园区作为产业集聚的载体，在政府的管理以及市场发展的不可控因素面前，将会遇到各种问题与挑战。完全由政府主导的强介入模式存在诸如市场化程度不高、服务效率降低、机构膨胀等问题，而政府弱介

入模式即企业主导型的管理模式，也有其优势。

企业主导型管理模式主要是在管理中市场发挥绝对性的作用，因此可以称之为企业主导型管理模式或者是无管委会管理模式。在这种模式下，企业将主要作为产业园区的管理者，在园区的管理上采用的是市场化运作模式，通过设立相应的企业主体来实现对园区的具体规划以及管理。在园区的管理方面，企业并不具备社会管理职能，因此在管理中一些涉及园区的社会性以及行政性的工作则需要政府相应的职能部门介入对其进行管理。

2. 优势分析

在企业主导型的管理模式中，政府不介入人力资源服务产业园建设，具体的运行和管理事务则外包给相关企业。企业主导型管理模式的主要优点是其产业园的所有权和产业园的经营权并不是由同一个主体掌握，在具体管理中政府将脱离出产业园的具体事务运行，以前由政府主管的具体行政事务则外包给专业化的管理团队，这样由专业化的管理者来实行对园区的运营管理，不仅缓解了政府的管理压力，减少政府的工作成本，而且会促进人力资源产业园的高效化管理，提升管理服务的水平。但是无论是哪种政府弱介入模式，政府仍然是产业园的投资方，以市场主体出现的人力资源产业园开发运营公司发挥的作用仅限于日常经营管理。

（二）企业主导型管理模式存在的问题

1. 园区管理主体弱势，掌握的社会资源有限

目前，在我国强势政府的背景之下，采取企业主导型管理模式的产业园区在实践中往往会遇到很多困难。首先，企业主导缺乏相应的行政职能，在对产业园管理的内外协调工作上存在着较大的困难。任何一个产业园的筹建、运营、管理，都需要协调调动社会各方面的资源参与进来，而一般企业在我国目前背景下，尚不具备此种能力。其次，在开发筹建初期，基础设施建设需要大量的资金投入，但一般企业无法像行政机构那样有税收收入，难以支撑早期巨额的甚至不计回报的投入。最后，由于作为以营利

为目的的企业，只以获得报酬为最大目的，不具有扶持产业发展、规范行业行为等只有政府或第三部门组织才具备的职能职责。天然的角色缺失，短期内获取回报的冲动容易导致人力资源服务产业园在管理经营中可能缺乏长远的考虑而只关注于短期的利益得失。

2. 扶持政策不明确，评价体系不健全

在企业主导型管理模式下，园区在运行的初始阶段各项扶持政策不完善，特别是一些优惠政策不清晰。在人力资源行业发展以及人力资源服务产业政策上并没有统一化，不同的政策部门制定的政策因为沟通机制以及利益诉求等问题的存在导致了政策的差异化。园区入园企业准入标准以及相关的行政审批权的管理都不够清晰化。同时在地方性财税政策支持上也有不完善的地方。产业园发展中企业需要资金支持，但是并没有相应的政策能够提供这种支持，从而促进企业能够更快更好地发展，能够提高服务水平。在园区的管理上，相应的扶持政策缺乏针对性，一些企业对政策的理解不够明晰化，部分企业的发展满足不了政策的条件，政策不能很好地贯彻实施。同时在园区的管理上并没有建立一套能够反映管理质量的评价体系，管理具有单向性，管理问题没有得到及时的总结与纠正，因此在管理质量上就有很大的提高空间。

三、政府企业联合型管理模式

（一）模式特征及优势分析

1. 模式特征

政府企业联合型管理模式发挥了政府以及企业的优点，实现两者相结合，充分运用两者的优势。在这种管理模式中，政府与企业进行统一的开发，同时在管理上也都发挥各自的优势。因此从园区的管理上可以看出政府与企业的双重作用。由当地人力资源社会保障部门主导产业园的规划建设，在这种模式中采用两类主体同时进行管理的方法，其中管委会主要负责行政性的和社会性的服务职能，而运营公司则需要负责产业园内部的具体性的管理事务，两类主体在管理事务过程中是相互合作的，而且人员配置上也是相互交叉安排的。通过组建国资性质的人力资源服务公司或投资运营公司具体负责园区的日常运营和管理。

2012年成立的苏州人力资源服务产业园在组织管理模式上，遵循"整体规划、市区联动、分区运营"的原则，实行"一园管多区"模式。由苏州市政府成立市推进人力资源服务产业园发展暨国家级人力资源服务产业园建设工作领导小组，下设产业园管理办公室及产业园经营服务有限公司。管理办公室由市人社局市场管理处及区人社局相关科室组成，经营服务有限公司由区人才服务中心下属国有公司组成，负责产业园建设发展、日常管理及服务运营。

中国杭州人力资源服务产业园按照"一园多点"的总体规划，下设下城、江干两大园区。杭州市政府为此成立了杭州市人力资源服务产业发展领导小组，领导小组下设产业园管理办公室，各分园区成立分园区管委会或者管理公司。其中，下城园区由所在地的村集体投入资本，区人社局、所在地街道办和园区管委会按照"三位一体"的模式管理运营，形成了"政府引导、社会参与、企业投资、市场运作"的管理模式。

2. 优势分析

与政府主导型模式不同，政企联合型管理模式是政府与企业联合进行管理，在这种管理模式中实质上是市场化的管理本质，政府对产业园进行宏观上的规划与管理，具体到行政事务日常的管理上主要由相应的专业化的公司负责，对产业园进行日常化的管理。无论是国家级的人力资源服务产业园，还是处在筹建中的无锡人力资源服务产业园，都是通过政府与市场相结合的方式促进人力资源服务产业的发展。这种模式存在以下一些优势。

一是政府主导企业参与，激发了市场活力。在园区成立初期，政府主导管理，为园区发展提供政策、资金、服务保障等，推动园区逐步市场化。待发展成熟后，市场化、专业化的管理公司成为园区建设和管理的主体，建立政府督导、市场化运作的园区管理运营模式。通过市场化运作机制，输送各类产业和企业所需人力资源，紧跟产业发展步伐，满足企业运转需要，更加合理地整合利用区域人力资源。

二是产业园的决策与执行相互分离，有效地保障了产业园的高效运转。在产业园的管理上，实现决策与执行相分离。政府主要做好产业园的规划设计、规则制定、协调沟通等决策职能，而产业园管理运营公司则行使好产业园的物业管理、后勤保障、考核评价、租金收取等具体的执行职能。实行决策和执行相分离后，二者可以发挥各自优势，保障产业园的更高效运转。

三是政府企业协同治理，提高管理效率。政府作为公共服务的提供者，理应在人力资源服务产业园管理中发挥角色作用，但是在人力资源服务产业园管理中以政府为主导的模式忽略了实际管理过程中的问题，造成产业园管理效果不能最优化。企业作为市场主体在参与市场经济活动中以理性的经济人角色出现，有着自己独特的需求，以政府为单一的管理主体在管理幅度以及提供的管理内容上都存在着局限性，都无法满足企业的需求。而要提高产业园的活力就需要引入新的管理主体，实现多元化力量参与，进一步满足社会的公共服务需求。在人力资源服务产业园的管理过程中，当地政府可以通过对服务的购买、委托外包、经营许可等形式与企业进行合作，将一些具体化的公共事务转移给企业，交由企业负责提供和管理，政府只是从宏观的角度特别是政策制定以及外部保障上发挥作用，同时发挥企业在市场中的功能作用，使政府和企业能够共同发挥作用。在协同治理过程中，政府与企业同样作为协同治理的主体，但是企业更能适应社会对服务多样化以及个性化的需求，企业更能敏锐地感知到市场变化，从而做出及时的改变。

（二）政府企业联合型模式存在的问题

政府企业联合型模式得到了学界乃至社会的一致性认可，拥有较高的认同度以及预期，但是在实践中，政府企业联合型模式可能会存在一些问题，这些问题会阻碍其预期效果的实现。

1. 企业组织发育滞后，协同治理能力较弱

在承担具有服务性的产业园管理上，企业需要以利他的属性出现，但是企业组织在市场运行中其主要的目的是实现利润的最大化，在市场竞争中是根据市场规律、价值规律来制定战略的。企业对参与政府治理有较高的诉求，但是在实际的管理中，企业并不具备相应的能力。首先就是企业在参与社会治理以及公共服务方面并没有成熟的经验体系，在政务方面缺乏专业的服务能力。市场经济中企业并不是完全公益性、社会性以及服务性的，而这些条件对参与产业园管理来说至关重要。政府以提供公共服务的第三者出现，代表着人民的利益，而企业所彰显的是企业自身的经济价值，一旦出现社会矛盾，企业并不具备较强的社会公信力，企业的社会影响度较小，信任度较低。而且在政企联合管理中可能会导致企业权力增大，一旦相关监督制度不明，可能造成工作效率低下、运行管理不透明等问题。

2. 企业社会组织参与意识不强，在联合治理中处于被动地位

虽然政企联合型可能会带来更多的预期效益，但是在协同治理的大环境没有形成的情况下，企业组织化参与意识并不是很强。企业社会组织在全能型政府的管理下形成了对政府的依赖以及顺从，即使形式上参与了政府联合治理，但是在治理中处于一种顺从依附的状态。企业社会组织参与管理，但是并没有对决策以及管理产生一定的影响，长此以往就会产生对整个模式的懈怠感。而且政府与企业的协同管理并不具有均衡性，表现在大企业在协同治理中可能有更多的话语权，一些企业参与管理带有较强的功利性，仅仅着眼于成本与收益的考虑。企业社会组织参与产业园管理时的素质与能力参差不齐，存在着很多的不规范参与现象。

3. 政府权力运行单向性较强，无法有效回应公众的诉求

当前我国的政府体制改革处于进行时，政府转型并没有完成，因此政府全能型特征仍然存在，权力高度集中于党政一把手，在相关参与程序以及制度设计上存在着不足。产业园管理中仍然存在着以政府精英为主导的模式，一般企业管理人员或者公众缺乏对治理决策的参与，政府权力过大

导致一些政府一把手在对待产业园管理中缺乏协同治理的意识,直接以政府权力干预产业园具体的规划与管理。同时政府并没有建立相应的回应反馈机制,对公众的诉求以及企业的诉求不能及时做出答复,往往会降低联合治理中企业的满意度。

第三节　人力资源服务产业园区发展的特色经验

一、上海市人力资源服务业发展经验

(一)园区简介与发展定位

1. 上海人力资源服务产业园区简介

2010年,上海人力资源服务产业园区在上海市静安区梅园路77号正式挂牌成立,成为国内首个以人力资源服务业为特色的国家级产业园区,开创了人力资源服务产业集聚发展的新模式。

园区始终坚持创新驱动发展战略,推动人力资源产业向纵深发展,积极服务经济社会发展,产业规模不断扩大,产业能级不断提升,社会效益不断增强,集聚了一批国内外知名的人力资源服务机构,培养了一批中高层次专业人才,为经济社会发展提供了优质的人力资源配置和管理服务。2022年3月,入选首批人力资源服务领域特色服务出口基地。

在园区的带动下,近年来上海人力资源服务业取得快速发展,截至2021年年底,全市人力资源服务机构超过3 000家,营业收入突破4 000亿元,产业规模持续保持全国领先,新模式、新业态不断涌现,服务产品日益丰富,服务能力进一步提升,为上海城市能级和核心竞争力的提升提供了强有力的人力资源支撑。

2. 发展定位与目标

(1)产业规模和能力进一步提升。进一步提升产业园产业规模、营

业税收；进一步优化产业结构，中高端价值链业态、创新性业态比重明显增加。积极培育人力资源服务龙头企业进入世界一流人力资源服务企业行列，形成在国际性、引领性、创新性等方面居一流水平的优秀人力资源服务企业产业集群。

（2）国际竞争力和影响力进一步增强。对外开放政策效应充分释放，有效实施"走出去"战略，形成国际人力资源服务网络和全球服务能力。行业先进要素聚集使上海产业园区成为全球人力资源服务行业开放度最高、行业要素最活跃、国际影响力最强的区域之一。

（3）集聚高端人才机制进一步完善。进一步优化各类平台载体，产业园人力资源服务机构成为各类用人主体引进海内外高端人才的重要渠道，海外引才形成丰富"触角"，产业园人力资源服务机构对集聚高端人才的贡献率显著提升。

（二）供借鉴的特色经验

1. 健全公共服务体系

园区以现有市级人力资源社会保障公共服务平台为核心，在园区内实现公共服务与市场服务融合发展，对所有入驻园区企业以及人才提供60余项"一站式"人事人才公共服务。同时，整合和强化市、区两级政府公共服务功能，引入政务服务、出入境等公共服务机构，打造完善配套的公共服务体系，为园区企业和人才办事创造服务完善、快速便利的良好环境。

2. 创建特色服务品牌

园区积极探索专业服务新模式，创新性打造了"梅园论剑"和"梅园学院"特色服务品牌。"梅园论剑 / Meiyuan Talk"是人力资源管理领域、商业领域的对话平台和分享社区，旨在通过企业人力资源高级管理者与商业领袖及前沿技术引领者的对话互动，分享最实际和最前沿的人力资源管理理念和应用，进而提升人力资源管理者的水平，提高人力资源在商业组织中的价值，实现人力资本在商业社会活动中的价值最大化，更好地展现人力资源服务产业园的创新力和影响力。自2017年以来，"梅园论剑"

已举办15场线下论坛和4期线上访谈，累计2 000人次参加。还出版了《梅园论剑：人力资源服务业高端论坛实录》，便于人力资源服务从业者和园区管理运营者了解掌握发展趋势，引领行业创新思考与发展。

3. 加快标准和技术发展

园区支持和鼓励运用人工智能、云计算、大数据等新技术升级传统人力资源服务产品，支持具有高知识性、高附加值的人力资源产品的建设。园区有超10家企业被认定为市级高新技术企业，出现了如社保通、i人事、欧孚视聘等一批"人力资源＋科技"服务产品。2021年3月，园区组建了上海市人力资源服务标准技术委员会，申请开展创建国家级人力资源服务业标准化示范区（试点），建立完善标准体系及框架，推动人力资源服务业依托标准和技术实现加快发展。目前已经参与10余项国家和地方标准的制定。

4. 链接国内和国外两个市场

截至2020年年底，上海共有外资、港澳台资人力资源服务企业103家，其中全球人力资源服务机构50强有7家，包括任仕达、万宝盛华、海德思哲等知名企业。同时，静安区出台《全球服务商——人力资源服务专项计划》，鼓励和扶持有条件的企业开拓国际人力资源服务市场，主动参与"一带一路"等国家建设项目，培育具有国际竞争力的人力资源服务机构，搭建面向国外的项目合作交流平台，助力人力资源服务企业"走出去"开拓海外市场，发现和挖掘高层次和关键性人才。

5. 加强区域协同发展

园区每年举办中国人力资源服务产业园区峰会和人力资源服务产业园区管理服务能力建设研修班，促进全国各地人力资源服务产业园间的交流合作。园区还会同苏州、杭州、宁波、合肥人力资源服务产业园共建长三角人力资源服务产业园协同创新网络，加快建设长三角人力资源协同发展的产业体系，推动区域人力资源服务业实现共同发展。

二、成都市人力资源服务业发展经验

（一）园区简介与发展定位

1.成都人力资源服务产业园区简介

成都人力资源服务产业园高新园区于 2017 年开园，是全国第 7 家获批的国家级人力资源服务产业园，开园以来，产业园一直注重促进成都高新区乃至成都的人力资源服务行业的转型升级。

成都产业园围绕"集聚产业、培育市场、孵化企业、集聚人才"的功能定位，在创建国家级人力资源服务产业园的过程中，紧贴成都经济社会发展与人力资源服务业发展实际，按照"政府主导、企业主体、市场化运作"的建设思路，创新探索实践，着力打造具有成都特色的多元化、多层次、专业化人力资源服务产业链，努力为成都市高质量发展提供强有力的人力资源支撑。成都产业园采取"一园三区"的功能布局，分别设立高新园区、经开园区和人才园区，核心载体面积约 15.75 万平方米。

2021 年，中国成都人力资源服务产业园高新园区产值实现强势增长，全年营收突破 100 亿元，成为西部地区产业规模较大、产业业态完整的专业化人力资源服务产业园。目前，成都高新区已聚集人力资源企业 239 家，汇聚各类人才超 70 万人。

2.发展定位与目标

（1）完善产业发展生态圈。引入人力资源服务产业链中的优质企业，在园区形成集聚发展，打造人力资源协同应用场景，搭建多层次、多元化人力资源服务与产业功能区、重点企业线上线下对接平台。与成都市 66 个产业功能区、成都眉资人力资源协同发展示范区、成渝地区双城经济圈等开展合作，聚焦产业发展需求，提供"人才+项目+资本"的链式服务，打造具有成都特色的人力资源协同发展产业体系，与各大国家级人力资源服务产业园及行业协会开展合作，以行业的指导政策及先行理念推动本地传统业务转型升级，推动本土企业对外服务及发展。

（2）打造创新研发与成果转化中心。鼓励有条件的人力资源服务企业设立研发机构，与高校院所、雇主企业、产业园合作开展人力资源服务理论研究，共建协同创新专家库，打通产学研用通道，为创新发展提供智力支持。实施"互联网＋人力资源服务"行动，引导人力资源服务机构运用大数据、移动互联网、云计算等技术，发展线上服务、远程服务、智能服务、建设区域性综合性的人才大数据平台、人才共享平台。依托大数据，绘制人才可视化地图、人才产业地图以及推动人力资源服务创新产品、模式研发执行。

（3）打造营收超300亿的人力资源服务产业集群。未来五年，将致力于建设服务中西部的人力资源服务产业集聚高地、具有全球竞争力的人力资本服务高地，打造人才向往地，实现产业与人才生态协同、场景与功能融合共生，持续营造"近悦远来"人才生态。

（二）特色经验

1. 实施精细化管理

产业园严格按照《国家级人力资源服务产业园管理办法》的要求，结合园区建设和本地产业发展实际，创新探索园区精细化管理模式，建立了较为完备的服务保障系统和保障制度。建立党委领导、各相关部门和社会组织共同参与的人才服务工作推进机制。高新园区所在的高新区党群工作部门纳入全区产业部门序列、经济指标考核体系，与统计、财政、税务、劳动、就业等部门建立协同统计体系。积极搭建人才服务专员队伍，鼓励高新区人才发展促进会、人力资源协会发展，搭建人力资源服务产业园平台，形成"一队、两会、一园"的人才服务工作载体，畅通人才绿色通道，提供人才服务"一站式"全程代理，建立从人才引进落户到工作生活的"全链条"式服务保障系统。研究并完善《中国成都人力资源服务产业园园区管理办法》，明确企业入驻、考核、退出等相关管理办法，配套区域招商及管理运营机制，坚持以完善的制度流程抓好园区管理、人才发展、产业培育，进一步促进人力资源服务行业发展。

2. 建设五大平台赋能的国际化高端智慧园区

首先，人力资源服务产业园依托园区线上、线下管理服务系统，着力建设人力资源政务服务、人力资源产品交易、企业与人才交流实训、人力资源大数据统计分析、人力资源服务业企业孵化五大平台。

其次，产业园以打造为产业链条完善、产业业态高端、专业功能完备、服务管理一流的高端智慧园区为目标，推进所属地区人力资源服务产业向纵深发展，从而实现集聚产业、聚集人才、培育市场、孵化企业等功能。

3. 构建人力资源产业生态链

首先，产业园会通过与各大著名高校、科研院所、院校积极合作，建立校企合作平台、大学生实训基地，构建起从低端到高端的梯形人才结构，从而优化区域人才结构。

其次，产业园致力于构建完善的人力资源服务产业生态链。园区挂牌成立"人力资源协同发展研究院"，并将其打造为立足当地、面向全国、融入国际的顶级智库。通过产业生态链的搭建致力于解决当前产业发展中面临的困难和问题，促进产业发展多要素协同，为人力资源服务城市未来提供理论支撑和智力支持。

最后，在已有成果的基础上引进优质人力资源企业。实现营业收入提速，从业人员增加，通过引进更多人力资源服务机构，积极孵化并培育更多本土上市企业和全国性人力资源服务机构。

三、宁波市人力资源服务业发展经验

（一）园区简介与发展定位

1. 宁波人力资源服务产业园区简介

宁波人力资源服务产业园于2012年9月22日开园，由浙江创新中心核心园区、八骏湾园区、汉德城园区组成，园区建筑面积为4万平方米，云集了70余家国内外知名机构，目前已涵盖海内外人才供应链、高端猎头、人才测评、培训、派遣、招聘、服务外包、高端人力资源服务全业态，成为长三角南翼最大的高端人力资源服务采购和供应基地。

2019年，宁波人力资源服务产业园获批国家级人力资源服务产业园，是浙江省继杭州市之后第二家国家级人力资源服务产业园。在园区整体发展上，按照"功能完善、机制健全、运行有序、服务规范"要求，积极引进和集聚各类人力资源服务企业，尤其是国内外知名人力资源服务企业，建立"立足当地、面向全省、服务全国"的国家级人力资源服务业集聚高地；充分发挥园区人力资源服务的孵化功能，大力培育、引导、扶持园区中小人力资源服务企业做大做强，将核心园区打造为人力资源服务企业的孵化基地；整合人力资源服务产业园区核心竞争力，把园区打造成为服务产品齐全、专业化程度强、技术含量高的人力资源服务供应基地；创新园区投融资政策，推动政府、金融机构、中介机构和企业更深层次合作，促进解决中小企业融资难题。截至2021年年底，宁波产业园实现营收280亿元，纳税额8.2亿元。

2. 发展定位与目标

（1）建成为长三角南翼最具影响力的人力资源配置平台。强化人力资源公共服务，强化要素配置与交流，扎根人才开发、人力派遣、人事代理等基础性公共服务，拓展高端猎头、管理咨询、评价测评、背景调查、HR管理工具、专业外包等高端人力资源延伸服务，建立健全辐射整个长三角区域的人力资源市场体系。

（2）建成为华东地区人力资源服务产业创新高地。围绕宁波"246"产业集群发展需求，吸引和培育产业创新高端人才和人才服务机构，建设人力资源服务业集聚区，打造人力资源服务企业孵化区，成为区域创新创业人才发展重要助推器，建设华东地区人力资源服务产业创新高地。

（3）建成为国际人力资源开发合作交流示范区。进一步扩大人力资源服务业全方位开发与合作，创造更具活力的引进人才环境，实行更开放、更丰富、更先进的人才引进政策，加快建设国际人才合作交流示范区。

（二）特色经验

1. 大力建设特色制度

通过政府购买市场服务方式，在培育和扩大市场需求方面取得了较好成效。例如在鄞州区海内外高层次人才创新创业项目征集活动中，项目推荐、评审、投后服务等工作都交给伯乐遇马等机构进行，按政策给予机构1万~60万元不等的引才奖励；鄞州区首届海外精英甄选会由沐兰和卓联两家机构承办，外籍人才进场洽谈人数创宁波新高；智联招聘、艺羽人力和浙江外服联合承办了2018年的"'中国制造2025'与人力资源服务峰会暨百家制造企业和百家人力机构对接会"。

2. 搭建人才交流平台

产业园按照"政府引育、企业主导、企业主体"的要求，以"企业+人才+资本+项目"为抓手，加快园区"招企引才"步伐，积极引进和集聚各类人力资源服务企业。一是与国内外知名大学和科研机构合作，通过率先建立"人力资源产业学院"，为宁波乃至全国园区输送各类优秀人才。二是实施"人力资源服务产业园区领军人才培养计划"，每年选派10名左右人力资源服务企业的中高级人才，到国内外著名专业院校、知名人力资源服务企业学习培训。三是鼓励离退休人员，高职院校、科研院所、团体的专业人才，通过兼职方式从事人力资源服务业。四是开展人力资源服务业专业技术人员继续教育。五是加强与入园企业的联络沟通，建立企业联络员制度，及时掌握入园企业在发展中遇到的问题和困难，沟通传递有关行业发展信息及政策动态，针对性地为企业发展做好服务。

3. 助力疫情期间企业的复工复产

产业园积极发挥人力资源渠道优势，建立人力资源供需信息双向发布机制，配合市政府需求、精准摸排企业缺工信息和人力资源服务机构服务信息，并对信息进行筛选核实，实时双向推送，方便甲方企业、人资机构的供需对接。产业园区积极参与人力资源服务机构和行业协会座谈会，广泛征求意见建议，针对机构反映的招工成本上涨等问题，及时争取人力资源服务机构招工补助等专项政策，帮助机构减轻负担。

第四节　Q市人力资源服务产业园区发展状况

Q市人力资源服务产业园区是人力资源机构服务人才并走向产业化、规模化发展道路的集中区域和创新载体，涉及的业态包括人力资源服务外包、人才招聘、高级人才寻访、RPO、人才测评、管理咨询、培训开发、薪酬外包、职业咨询、心理咨询、保险定制、人力资源信息软件服务、人力资源软件即服务（HR SaaS）、HR媒体、人力资源非政府组织（HR NGO）等，另外衍生出商务注册、法律咨询、投资理财等上下游相关服务，涵盖人力资源服务全产业链。

立足Q市经济发展战略布局和区域经济特点，Q市人力资源服务产业园区已经逐步形成"一核两极"的发展布局。"一核"为QSB区国际人力资源服务产业园，"两极"分别为QL省自由贸易试验区——XHA新区园区和上海合作组织地方经贸合作示范区——QJZ园区。三个园区相互支撑、错位发展，规划建筑总面积约7.1万平方米。

一、Q市人力资源服务产业园区建设布局

（一）QSB区国际人力资源服务产业园区

1. 园区简介

QSB区国际人力资源服务产业园结合Q市新旧动能转化的需要，立足QSB区改造提升零售、餐饮和住宿业，培育发展邮轮游艇旅游、工业设计服务、互联网数据服务、人力资源服务等新兴产业的人力资源需求，形成"集聚产业、孵化企业、培育市场、优化环境"四大核心功能，集聚猎头、招聘、外包、人力资源科技、管理咨询等业态，打造全产业链的人力资源服务生态，发挥园区在Q市人力资源服务产业发展中的示范引领作用。

该园区规划总建筑面积为5.1万平方米，一期建筑面积约3.3万平方米，二期规划建筑面积约1.8万平方米。该园区已经于2017年开园并获批省级人力资源服务产业园，园区功能示意图如图4-2所示。

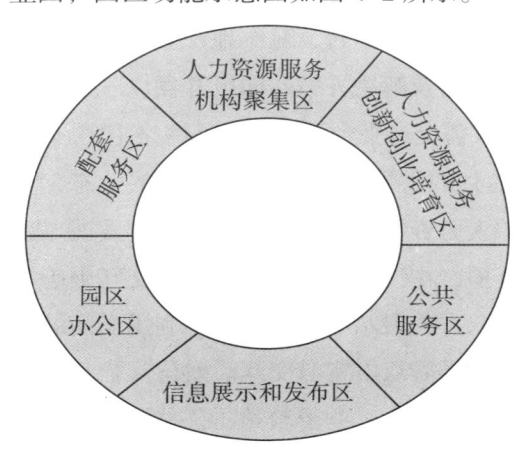

图4-2　QSB区国际人力资源服务产业园功能示意图

该园区先后荣获"2018中国人力资源服务产业园最具区域影响力园区""2019中国人力资源服务产业园最具经济活力园区""2020年省级现代服务业集聚区"等称号。

2.工作成就

（1）获评多项荣誉称号，成为北方人力资源服务产业新高地

2021年度，该园区先后获评Q市2021年度市级现代服务业集聚区，2021亚太人力资源服务奖之"特色产业园"奖，"2021首届（广州）人力资源博览会杰出园区"等多项荣誉称号。

该园区依托"集聚产业、拓展服务、孵化企业、培育市场"四大核心功能，突出国际化、高端化、现代化、专业化、多元化的园区定位，规划有公共服务区、产业集聚区、产品交易区、信息服务区和研发中心，涵盖了人力资源服务产业配套服务，构建了多层次、全方位产业链，为企业提供专业化市场服务。截至2021年9月累计招引入驻企业95家，为Q市累计引进高层次人才近800名，园区企业现有从业人员1 000余人，服务客

户近10万家，为Q市各大产业提供全方位的人力资源服务25万余人，举办赋能发展活动400余场，初步形成了人力资源产业集群。

（2）搭建数字共享平台，提供智能化分析及一体化解决方案

该园区建立数字化共享平台，对本地产业发展、就业、人才等工作提供系统性、智能化分析及解决方案。园区开发以"展示—交流—体验—交易"为主要功能的供需交易平台。创新发展网络招聘、人力资源服务外包、高级人才寻访、人才素质测评、管理咨询等新兴业态，重点支持以移动互联网为应用基础的人力资源服务新业态的研发和发展。逐步完善管理服务功能，上线活动直播、在线培训、薪酬管理、交互中心等功能板块，实现人力资源服务供需双方的展示与交流功能，利用产品展示、订单查询、交易结算等功能，实现供需双方实时交互。效仿天猫、淘宝等网络交易平台的模式，为企业提供微课堂、电子教学、公共服务等公益产品，为个人提供线上面试直播间、青园讲坛等课程，通过个性化服务赋能广大用户。

（3）构建线上智慧园区，满足人力资源服务的线上多元需求

构建起"互联网＋人才＋资本"的线上智慧园区。围绕"互联网＋服务"的建设理念，突破物理空间限制，整合各方资源，启动智慧化楼宇建设，充分利用大数据、人工智能等先进技术，打造线上一体化智慧服务平台，构架起园区管理体系、园区服务体系、园区运营体系的应用系统。

已启动智慧化虚拟园区建设。规划设置了信息数据接口、网站、微信公众号三个部分，从园区运营、园区服务和载体空间等方面入手，开发园区服务程序及配套相应的智能设备，搭建人力资源线上服务平台，实现园区企业的进出管理、需求提报、项目申报等流程线上操作，为园区企业提供安全、便捷、高效的智慧化服务。目前园区公众号已有3 000多个粉丝，日阅读量10余万字。

（4）持续完善服务业态，满足广大客户的配套性和专业型服务

该园区通过走访、调查问卷等方式对集聚区企业进行需求摸底，通过企业需求汇总及意见反馈，有针对性地引进外部专业服务机构，目前集聚区已签约第三方专业机构6家，主要为集聚区企业提供包括信息查询、财

税筹划、保险服务、法律咨询、创业指导、新媒体宣传等多项服务，并依托成熟的商务配套解决集聚区企业、员工等全方位、多层次的服务需求。

该园区将人力资源产业发展与人力资源公共服务事业相结合，采取"小机构、大服务"的工作模式，引入市、区两级人力资源公共服务机构，设立公共服务大厅和高端人才市场，提供人才、外专、社保、维权、人力资源招聘、创业就业等"一站式"服务，有效缩短了落实服务政策的时间和路径。让企业"零距离"享受"一门式""一窗式"同质同效的公共服务，各项办事环节缩减了30%，各业务用时平均缩短90%以上。

截至2021年年底，产业园累计入驻万宝盛华、智联招聘、上海外服、华夏基石等知名人力资源企业95家，业态涵盖包括线上线下招聘3家、劳务派遣7家、人力资源管理咨询23家、人力资源外包27家、人力资源培训6家、人才测评2家、高级人才寻访19家、新业态企业8家等。

（5）举办多项行业峰会，搭建了园区与对外合作交流的服务平台

2021年度，该园区成功举办了第十七届中国人力资源服务业高峰论坛、首届中国（Q市）RCEP人力资源服务产业发展峰会、2021亚太人力资源开发与服务博览会，探讨RCEP视角下人力资源服务行业面临的机遇与挑战。进一步扩大了Q市产业园区推介宣传，全方位展示Q市得天独厚的区位优势、浓厚的商业氛围、开放的营商环境、全方位的配套设施及一站式园区服务，深入了解企业家以及行业顶尖人群对人力资源行业发展的真知灼见，为园区未来持续发展和下步招商目标提供参考。

（二）XHA新区人力资源服务产业园区

1. 园区简介

Q市XHA新区人力资源服务产业园于2018年12月份揭牌，园区业态完善，服务配套齐全。园区由省人社厅统筹指导，市人力资源社会保障局统一规划布局，在新区人力资源和社会保障局、招才中心等主管部门的指导下采取政府指导市场化运作模式。

该园区是全国首批"线上人力资源产业园＋线下人力资源产业园"双

园驱动的综合型人力资源产业园，依托于中电光谷全国40余家园区1 0000余家优质企业的布局，借助"园中园"优势以及中电光谷成熟的主题产业园开发运营经验，打造高标准、全业态、产业链式的人力资源服务主题园区，大力发展人才经济，着力构建新型人才生态的核心载体（主要业态如图4-3所示）。

图4-3 XHA新区园区主要业态

该园区根植国家级自贸区——中国（QL省）自由贸易试验区Q市片区，发挥自贸区的制度优势，突出海洋经济与人力资源协同发展特色，在海洋经济、国际贸易、先进制造以及国际产能合作领域为相关企业和组织提供人力资源服务。XHA新区园区建筑面积为1万平方米，以线上线下结合、聚焦高端资源、业态丰富完善、辐射带动性强等为核心特点，重点集聚职业培训、国际人才交流、人力资源科技等业态，形成人力资源产品和服务创新集聚平台，打造人力资源服务行业改革示范区。

2. 工作成就

（1）获批省级产业园区，发展驶入快速车道

2021年年初，经QL省人力资源和社会保障厅公示，根据《QL省省级人力资源服务业发展扶持资金管理办法》内容，经逐级推荐、专家评审等程序，确定Q市XHA新区人力资源服务产业园为"QL省级人力资源服务产业园"，这是XHA新区第一家省级人力资源服务产业园，标志着新区有了大力发展人才经济、构建新型人才生态的核心载体。

Q市XHA新区人力资源服务产业园坚持生态思维运营，从新区产业

发展需求出发，创新特色发展路径，发挥产业聚集优势，带动多方资源，尤其是人力资源服务行业头部企业与中电光谷 Q 市园区企业深度链接，通过招聘、培训、薪税服务、人才测评等交互业务形成互动，实现人力资源服务业与蓝色涉海、高端数字经济、高端智能制造、生物大健康等新区重点"四新经济"产业融合发展，推进"人才+产业"经济一体化。

（2）政策体系日趋完善、管理运营不断升级

该园区采用的园中园模式，规划论证起点高，依托光谷软件园、研创中心产业高地，以产业需求对接倒逼人力资源产业发展，人力资源机构聚集；积极搭建园区党群共建中心，开展多场红色 HR 活动；地方主管部门政策引导支持，出台政策支持文件 10 余份，园区补贴额度百余万，积极规划对接产业发展基金，未来将设立人才产业基金。

该园区管理规范，制度完备，入园企业 74 家，园区高新企业 2 家，软著权 54 件，专利 2 件，省级诚信 3 家，业态丰富，并涌现出高端猎聘、背调、测评等新兴业态，逐渐向规模化、专业化、高端化方向发展。

（3）服务水平持续提高、发展效益不断提升

该园区以平台思维、生态思维整合园区人力资源产业集群助推区域经济高质量发展。以平台思维做乘法，通过园区平台整合人力资源服务及区域产业发展需求资源，形成不同要素之间的互动，实现价值倍增效应。依托便民服务大厅、园区服务大厅提供 20 余项细致服务，并积极开展产业对接、赋能、培训活动 52 场，推广 16 次。企业非常满意度达到 83.3%（满意度 100%）。

该园区 2019、2020、2021 年营收总额连续 3 年实现正增长，其中 2020 年增长率约 500%，2021 年增长率预计为 100%。2020 年营收 139 726.11 万元，税收 1 718.21 万元；2021 年上半年营收 110 326.75 万元，税收 1 554.65 万元。从业人数、服务企业、就业人数屡创新高，猎聘人才数量达到 374 人。

（4）线上线下"双轮驱动"促进供需高效对接

在线上，平台（www.hrcyy.net）从求职端、服务端、企业端多种用户群体进行考量，从新区产业实际需求出发，搭建信息系统，提供人力资源

服务接发包服务。通过平台，人力资源服务甲乙双方企业可以直接对接业务；同时，开放的线上平台也为人力资源服务业与其他行业跨界整合、衍生交互创造了机遇。

在线下，产业园以中电光谷Q市园区为基地，建立办公集群，聚集了一大批国内优秀的人力资源服务行业企业。线下集群不仅使企业信息筛查更透明，服务流程监管更便利，甲乙双方需求匹配更精准，同时也为举办多场大型招聘会等线下活动创造了便利条件。

（三）QJZ（国际）人力资源服务产业园区

1. 园区简介

QJZ人力资源服务产业园区围绕建设区域物流中心、现代贸易中心、双向投资合作中心和商旅文交流发展中心，打造上合组织国家面向亚太市场的"出海口"的需要，更好发挥Q市在"一带一路"新亚欧大陆桥经济走廊建设和海上合作中的作用，立足于SH新区新兴产业发展的人力资源需求。以跨境法务、国际人才交流与合作、猎头、薪税筹划等业态为重点，满足拓展国际贸易、推进国际产能合作、壮大国际物流产业在人力资源等相关服务方面的需求，形成与上合组织国家相关城市交流合作集聚的示范区（主要业态如图4-4所示）。

猎头		
跨境法务	QJZ园区	薪税筹划职业培训
国际人才交流与合作		
招聘		

图4-4　QJZ园区主要业态

QJZ园区规划建筑面积约1万平方米。以中国-上海合作组织地方经贸合作示范区为依托，力争打造成为服务上合组织、"一带一路"建设的特色人力资源服务园区，推动实现高新技术产业与人力资源服务业的协同创新、协同发展，成为服务面向上合组织国家的对外开放新高地。

2. 工作成就

（1）打造了"一带一路"人力资源国际合作示范区

着眼 Q 市区位优势，立足我国开放新格局，充分了解"一带一路"沿线国家人力资源特点，精准把握 Q 市人力资源规模和结构与相关国家的契合性，协同推进 QL 省和 Q 市的国际产能和人力资源合作。把握上合峰会的外溢效应，以上合组织地方经贸合作为重点，在人才培养、人力资源服务交流与合作、国际人才流动等领域开展信息对接、高峰研讨和服务协同创新等活动，将 QJZ（国际）人力资源服务产业园区建设成为"一带一路"人力资源国际合作示范区。

（2）服务企业发展，提升了人力资源市场化配置成效

统筹疫情防控与经济发展，搭建平台促对接。加强企业节后用工动态监测服务，线上线下服务不打烊。线上开展"春风行动"，累计发布农民工岗位信息 20 000 余个次，利用"企业急需紧缺用工对接平台"及人才QJZ网站，发布招聘信息 100 余条，服务企业 1 100 余家次，企业用工有保障。

（3）服务大众创业万众创新，进一步优化了就业创业环境

实施大众创业工程，鼓励创业带动就业。加大创业金融支持，不断加大创业担保贷款、一次性创业补贴等政策扶持力度，精简服务流程，提升平台服务，不断优化创业生态。2021 年 1—7 月份共扶持各类创业人员 3 490 人，发放各类创业补贴 6 828 万元。集聚创新创业发展动能，加强风险防控，持续优化营商环境。完善多方资本投入机制，引入第三方专业担保机构，设立 2 500 万元创业担保基金双管制度，为创业者提供免费担保服务，建立风险处置、叫停机制和风险分担机制，有效化解贷款风险。2021 年 1—7 月份共发放创业担保贷款 681 万元，惠及企业 27 家。

（4）精准招才引智，强化创业创新人才支撑

服务 SH 示范区建设，2021 年上半年市人社部门组织了南京站、武汉站、北京站的"引进紧缺优秀人才"选聘活动，引进了 64 名"双一流"高校人才。开展了局长代言高校毕业生招聘季活动，公众号平台上线发布

一周，阅读量达 4 300 余人次。先后赴交通学院、菏泽学院等高校开展"人才聚胶·智汇 SH"高校行招聘活动，达成就业意向 170 余人，努力吸引优秀高校毕业生到 QJZ 就业。2021 年 1—6 月份共引进各类人才 4 909 人，为全市创业城市建设提供了人才支撑。提高待遇"留"人才。出台《QJZ 市高层次优秀人才评价认定及奖励实施细则》《QJZ 市高层次人才随迁配偶安置实施细则》等人才政策，为高层次人才在 QJZ 创新创业提供出入境和居留、户籍、住房、子女入学、配偶安置等优惠政策和便利服务，进一步优化发展环境。2021 年 1—6 月份共发放住房补贴、生活补贴、一次性安家费、就业补贴 1 992 万元。

（四）其他产业园区

1.QPD 产业园区

QPD 产业园一期规划面积 3 380 平方米，地处 QPD 市南部生态商务新区核心，坐拥 3 000 亩市民公园生态美景，背靠 QPD 市金融商务中心，汇聚城市资本；集 QPD 市市民服务政务中心、QPD 市市民活动休闲中心、QPD 市文博人文中心、Q 市地铁 M14 号线行政中心站等核心资源于一体。产业园距 WL 高铁 QPD 北站 7 千米，距 QX 高速口 4 千米，距荣威高速口 8 千米，距荷花湾商圈 3.5 千米，交通网络四通八达。

产业园按照"市场主导、政府推动，融合创新、集聚发展，促进交流、开放合作"的原则，围绕民生为本、人才优先、服务公众这条主线，把提高人力资源服务供给能力、促进就业、规范行业发展作为主要任务，以建立专业化、信息化、产业化、国际化的人力资源服务体系为目标。通过引进各类猎头、人才派遣、培训、测评、咨询、认证、外包等不同类型、不同层次的人力资源服务机构，构建完整的人力资源服务产业链，为 QPD 市及 Q 市企业在全国范围内更大程度、更宽领域、更快效率地配置、使用、开发和管理各类人才提供人才招聘、人才派遣、人事外包、岗位测评、管理咨询、高端猎聘等服务，为区域人才提供职称评审、技能培训、技能鉴定、就业推荐、档案管理、社保缴纳等专业服务。产业园将打造立足 QPD 市、服务 Q 市、辐射 QLJD 半岛、面向全国的省级人力资源服务产业基地。

2.Q 市（QCY 区）通运智慧人力资源产业园

QCY 区聚焦区内重点产业布局，扎实推进通运智慧人力资源服务产业园区建设。该园区位于 QCY 区 Q 市轨道交通产业示范区内，总投资 4 亿元，占地 26.14 亩，总建面为 7.77 万平方米，其中地上建面 6.29 万平方米，地下建面 1.48 万平方米。一期 2022 年 5 月底前开园运营（申请挂牌），二期 2023 年 5 月交付运营。园区按照"一园多区、区区联动"布局，致力于打造区域性标杆企业，通过人力资源智慧生态综合体、产业人才加速区、归国人才创新创业区等业态布局，形成"人才赋能、金融助力、创新创业、产业集聚"的综合性人力资源产业示范园区。

通运智慧产业园定位如下。（1）人力资源智慧生态综合体。聚焦 QCY 区重点产业布局，吸引知名人力资源机构入驻，融合金融、财税、法律、知识产权等合作载体，打造人力资源产业链平台、公共事务平台、政策服务平台、创业服务平台、金融服务平台、资源交互平台、智慧共享平台、基础服务平台，实现园区一体化智慧服务生态圈。（2）产业人才加速器。依集团公司 27 年行业经验及资源，建设以轨道交通产业为首的五大产业刚需人才供需平衡综合平台。通过整合资源、产业人才培训、价值输出，为人才就业创业提速加码，助力人才成长。（3）归国留学人才创业示范体。结合区域各项人才政策，为留学归国人才提供创业发展载体及服务指南。提供归国人才就业创业信息交流平台、花园式的"LOFT 办公 + 生活空间"的创业环境，提供资本助力支持，加速科技项目转化。

二、Q 市人力资源服务产业园区运营管理

遵循"总体筹划、市区共建、以区为主、分区运营"的原则，在园区运营管理上，建议采取"管理委员会 + 专业运营公司 + 外部智库支撑"的运营管理模式。

（一）成立中国（Q市）人力资源服务产业园管理委员会

成立人力资源服务产业园管委会，负责指导和协调全市人力资源服务产业园建设与发展。具体职责包括：规划各个分园建设目标、定位和发展趋势；牵头研究、制定全市人力资源服务产业园建设发展的相关政策和管理制度；督促各分园落实全市人力资源服务产业园建设的重大部署；对全市人力资源服务产业发展进行定期评估。管理委员会主任由Q市分管副市长担任，副主任由市人社局局长担任，组织部、人才工作部门、人社部门、发改部门、财政部门、金融部门、税务部门、经信部门、科技部门、教育部门、商务部门、统计部门、市场监管部门及各区区政府等为成员单位。

管理委员会下设办公室，具体负责产业园建设和发展的组织实施和管理，办公室主任由Q市人社局相关领导担任，办公地点设在市人社局。

产业园管理办公室的主要职责包括：（1）贯彻落实国家、QL省、Q市关于人力资源服务产业发展的政策和市委、市政府关于园区发展的总体部署；（2）组织和协调各分园完成人力资源服务产业园建设的具体任务；（3）负责组织实施人力资源服务产业园的招商引资事宜，协调企业入驻、日常经营、退出等环节的事项；（4）负责全市人力资源服务业产业和服务业发展政策的落实和兑现的经办工作；（5）搭建资本、技术和项目合作平台，协助推进人力资源服务业重大项目建设；（6）负责入园企业的相关数据的统计等基础工作，为提升园区服务质量提供支持。

（二）组建中国（Q市）人力资源服务产业园外部智力支撑协作网

组建中国（Q市）人力资源服务产业园外部智力支撑协作网，充分利用外部智力。协作网包括：（1）国家级服务业专家咨询委员、人力资源服务行业专家、国内外大型人力资源服务机构负责人等组成的专家顾问委员会；（2）各兄弟园区定期交流、业务合作和共享发展网络；（3）建立"专业书院"，形成专业知识共享平台。

（三）建立专业化运营机制

借鉴全国人力资源服务产业园区运营的成功经验，通过一定形式委托专业的产业园运营公司或者与专业机构成立专门的园区运营管理公司，负责产业园的日常运营管理。

运营机构主要负责：（1）承担管委会办公室交办的相关政策、入园待遇的落实兑现服务；（2）进行资产管理维护，提供物业、安保等服务；（3）配合管委会办公室开展招商推广、园区企业品牌推荐、人力资源供需对接活动，定期举办人力资源服务高峰研讨等活动；（4）协助管委会做好公共人力资源服务平台的日常运转。

三、Q 市人力资源服务产业园人力资源出口服务

Q 市人力资源服务产业园人力资源服务贸易业务逐步向新兴业态发展，重点支持以移动互联网为应用基础的人力资源服务贸易新业态的研发和发展，业务范围逐步向上合组织成员国、"一带一路"沿线国家延伸，全覆盖至日本、韩国、澳大利亚、新西兰等 RCEP15 个成员国。有锐仕方达、国际猎头组织 NPA 成员基业百年等提供的猎头服务；有与职业院校合作，致力于海外人才输出的原子青软等提供的培训服务；有众腾人力、QL 省元田等提供的海外劳务外包服务；有万宝盛华等提供的国际咨询服务；有罗高仕、原子咨询等提供的"互联网＋人力资源"服务；有易佳盈通等提供的专业化国际资格认证服务；等等。

Q 市国际人力资源服务产业园入驻企业的七成以上涉及人力资源贸易业务，其中 23 家企业在境外设有分支机构。产业园 2020 年实现人力资源服务贸易进出口总额 12 935.3 万美元，同比增长 46%。产业园企业在开展人力资源服务出口过程中，贴近所服务国家、企业、项目的需求，不断推动服务精细化、精准化发展，逐步打造了一批具有"Q 市特色"的服务模式。

（一）外输内引模式

以原子青软为例。致力于"国内培养—输出日本—日企落户 Q 市"的良性循环发展之路，以人才链促进产业链招商合作。重点培养掌握日语的 IT 从业人员，将学生在校最后一年和毕业第一年的培养、实习及入职后的劳动关系放在 Q 市，在日本工作几年后回国，进入日企在 Q 市分公司工作，既满足日本对 Q 市复合型 IT 人才的需求，又将人才锁定留在 Q 市，实现以人才集聚产业的目标。

（二）全链定制模式

以众腾人力为例。公司面向日本建立了留学、工作、劳务、投资经营等全链式人力资源服务板块，拥有覆盖亚太地区的高级人才库、训练有素的团队、专业化的工作流程、先进快捷的信息技术手段，通过为中日双方客户提供定制化、优质有效的中高端猎头、服务外包解决方案，在过去 9 年中已与 900 多家跨国集团、上市公司长期合作。

（三）技术合作模式

以罗高仕管理公司为例。在美国、西班牙等国家设有办公室拓展海外高端人才获取能力，是国家认证的高新技术企业，入选"海外英才计划"。公司利用创始人曾在美国硅谷工作超过 12 年的优势，与国际先进猎头 SaaS 平台合作，建成 AI 大数据互联网行业的领军猎聘平台，拥有全球 100 多万猎头资源，通过计算机智能匹配数据，以社交职商模式，全方位覆盖美国、韩国、西班牙等国家，服务国内国际 TMT（电信、媒体、科技）、互联网、金融等行业。

（四）专精配置模式

以易佳盈通为例。公司自 2012 年以来，围绕海尔集团等企业在海外设置销售网络、建设工业园、打造制造中心的需要，为企业和员工提供 PMP[®] 项目管理、PMI-ACP[®] 敏捷管理、PMI-PBA[®] 商业分析认证培训等多项国际认证培训服务，累计培训 5 万人次，已成长为可提供全方位的项目管理整体解决方案的综合性咨询管理公司。

（五）项目陪跑模式

以 QL 省元田为例。紧跟国家钢铁工业"一带一路"发展建设，在印度尼西亚综合产业园镍电项目启动后，针对当地人才匮乏，项目初期需由我国派驻管理及技术人员参与筹备和建设的迫切需求，与外方发包方成功签署人力资源咨询项目合同，为境外项目提供人员配置、劳动关系、薪资、税务、出境及培训等服务。该项目被认定为 2020 年度省级助力重大发展战略项目。

第五章 人力资源服务业发展中的政府作用

政策是保障一个行业持续发展的必备品,而行业的发展和根基的稳固离不开政府的扶持和调控。由于人力资源服务业市场化发展时间短,起步晚,因此来自政府的扶持和把控尤为重要。从国内典型人力资源服务产业园的发展历程来看,市场环境的发展和地方政府的主动推进起到了十分重要的作用。目前该行业正处于转型升级、商业模式创新、价值链跃迁的关键阶段,政府需把握行业的发展态势,协调行业的运作。本章从政府对人力资源服务业的集聚、扶持、服务和监管的角度建构了政府或政策作用的评价指标体系,探索了不同政策维度对人力资源服务业发展的作用,总结了典型城市政府在推动人力资源服务业发展的激励政策。

第一节 促进人力资源服务业发展的地方政府行为评价

一、人力资源服务产业中的政策激励

从发展阶段来看,我国人力资源服务业分别经历了萌芽期、形成期和

快速发展期。20世纪70年代末属于萌芽期。当时我国经济体制从计划经济向市场经济转变，打破了统招统分的人力资源配置制度，开始出现劳动服务公司、就业服务机构、人才服务公司等，人力资源市场走向市场化。20世纪90年代，人力资源服务行业进入形成期。在这个阶段，市场发挥了主要作用。随着市场化改革的不断深入，社会经济发展对人力资源的需求越来越旺盛，民营企业开始不断转型，拓展业务，公共服务体系也逐步形成。进入21世纪，人力资源服务行业处于开始发展期，市场化的不足和缺陷开始逐步浮出水面，阻碍行业的发展。此时，需要政府采用政策调控，引导和规范市场行为，弥补市场缺失。

（一）人力资源服务产业发展中政策激励的必要性

1. 从宏观层面看，促进产业稳定发展

人力资源服务业在我国属于幼稚产业，面对上述外部和内部因素的影响，产业的生存和良性发展离不开政策扶持和激励。具体作用如下。第一，发挥扶持作用，促进和刺激产业发展。人力资源服务产业的发展历程不足40年，无论在产业规模、税收收入还是对GDP的贡献程度方面，均落后于其他行业，属于典型的弱势产业和幼稚产业。因此，迫切需要政府介入，制定各项政策激励，如财税优惠政策、金融扶持政策、技术扶持政策等，将人、财、物向人力资源服务产业引导，促进产业快速发展。第二，发挥引导作用，调整和优化产业结构。就人力资源服务市场规模来讲，2021年实现总营收2.5万亿元人民币（宽口径）。但是总体来看，人力资源服务产业链下游的企业数量众多。同时位于产业链中上游，能够提供高级人才寻访、人才外包、人力资源服务技术等，且占据一定市场的企业寥寥无几，然而市场对这些方面的需求与日俱增。不难看出，整个产业结构不合理，需要政策引导，进行产业结构调整。第三，纠正市场失灵。我国大部分人力资源服务企业处于初步发展阶段，少数外资和民营龙头企业掌握大量资源，直接垄断部分市场，导致其他市场竞争者无法进入，导致市场存在先天性的缺陷。同时，人力资源服务业的市场参与主体都追求利益最大化，如果对参与主体的行为不进行规范和管制，极可能出现恶性竞争，不仅可能破坏市场秩序，甚至可能损害国家利益。因此，政府必须运用一系列政策手段，对人力资源服务产业进行保护、扶持和激励。

2. 从微观层面看，帮助企业健康发展

微观层面所指，主要是人力资源服务企业，它们的实力参差不齐，但是不论规模大小，在市场竞争中都需要获得政策支持，解决生存和发展的问题。因此激励政策对这些企业的经营效益和发展状况有着举足轻重的作用。具体如下。

第一，着力缓解中小人力资源服务企业发展所需的资金问题。我国大多数人力资源服务企业处于发展阶段，普遍存在资金短缺、融资困难的问题，这也是造成企业发展缓慢的主要原因之一。如果通过政策扶持，如加大政府的财政补助，对企业实施优惠的税收政策，设置专项发展基金等，一方面给予中小企业实质性的资金支持，缓解企业发展所需的资金问题；另一方面，对所有企业来讲，优惠税收政策能够切实减轻企业负担，降低企业的生产经营成本。

第二，搭建平台，帮助人力资源服务企业做大做强。政府通过政策导向，引导人力资源服务企业的经营行为。对政策信息敏感的企业，会根据自身的经营状况和发展环境，主动调整自己的经营方向、研发投入比例及其结构等，使其符合政策扶持内容和扶持要求，从而获取更多发展机会。

第三，激发企业的自主创新热情，建设具有国际影响力的本土品牌。由于人力资源服务产业发展处于幼稚阶段，大多数人力资源服务企业不重视自主研发，因此投入少，产出低。然而随着科技日益进步，国内外市场竞争白热化，人力资源服务企业必须靠自主研发才能有效提升品牌价值。因此，政府必须通过一系列的政策手段，如鼓励人力资源服务企业与高校合作，进行创新研发，通过制度保护创新成果等，调动整个行业自主创新的热情和积极性，为产业发展和升级提供持续动力。

（二）促进人力资源服务产业发展的政策：以引才政策为例

近年来，各地对人才的需求日渐增多，人才流动日益活跃，各地纷纷出台政策探索市场化引才的做法，鼓励社会力量，特别是人力资源服务机构广泛参与人才流动及市场化引才工作，服务经济社会发展。国务院职能部门和地方也出台了相关法规和政策加以引导和部署。

1. 关于在人才工作中充分发挥市场作用的相关法规和政策

我国在法律法规层面，对人才流动及市场化引才做出了相关规定，市场化引才的法治化进程进一步推进。2018年6月，国务院出台了《人力资源市场暂行条例》，提出国家建立统一开放、竞争有序的人力资源市场体系，发挥市场在人力资源配置中的决定性作用，健全人力资源开发机制，激发人力资源创新创造创业活力，促进人力资源市场繁荣发展。之后，各地方陆续发布省级《人力资源市场条例》，鼓励支持社会力量参与人力资源市场建设，对人力资源市场培育、人力资源机构应履行的职能、活动规范等都做出了具体规定。

在政策方面，2016年3月，中共中央印发《关于深化人才发展体制机制改革的意见》，提出要深化人才公共服务机构改革，大力发展专业性、行业性人才市场，鼓励发展高端人才猎头等专业化服务机构，放宽人才服务业准入限制。2019年1月，人力资源社会保障部印发《关于充分发挥市场作用促进人才顺畅有序流动的意见》，指出加快发展人力资源服务业，积极培育各类专业社会组织和人力资源服务机构，有序承接政府转移的人才培养、评价、流动、激励等职能。2021年6月，人力资源社会保障部印发《人力资源和社会保障部事业发展"十四五"规划纲要》，指出要建设高标准人力资源市场体系，深入实施人力资源服务业高质量发展行动，加快建设统一规范、竞争有序的人力资源市场。《中华人民共和国国民经济和社会发展第十四个五年规划和2035年远景目标纲要》提出，要深化人才发展体制机制改革，全方位培养、引进、用好人才，造就更多国际一流的科技领军人才和创新团队，培养具有国际竞争力的青年科技人才后备军。

2. 关于充分发挥人力资源服务机构市场化引才作用的相关政策

为了充分发挥市场配置人才的基础性作用，以及人力资源服务机构市场化引才作用，各地陆续出台了系列政策，探索从资金支持、机构发展等方面给予相应的支持（表5-1）。

表5-1 各地关于发挥人力资源服务机构市场化引才作用的政策

序号	政策名称	出台单位	出台时间	相关内容
1	《关于进一步发挥猎头机构引才融智作用建设专业化和国际化人力资源市场的若干措施（试行）》	北京市人社局	2019年	提出要加强猎头机构人才队伍建设，加大猎头机构人才引进力度，鼓励海外猎头行业人才来京工作，实施猎头机构领军人才研修计划
2	《上海市人力资源服务"伯乐"奖励计划实施办法》	上海市人社局	2020年	鼓励和引导人力资源服务机构为上海市用人单位选聘优秀人才，对上海市集聚人才做出突出贡献的人力资源服务机构予以资金奖励
3	《关于发挥人力资源服务机构促进市场化引才工作的意见》	安徽省人社厅	2020年	提出要大力培育专业化人力资源服务机构、支持开拓寻访、猎头、测评等高端业态，鼓励人力资源服务机构利用专业优势，在为用人单位推荐、引进急需紧缺高端人才过程中发挥直接、关键作用
4	《青岛市鼓励中介机构和个人引进高层次人才及团队实施细则》	青岛市人社局	2018年	规定了对介绍引进高层次人才及团队的中介机构和个人给予奖励
5	《关于建立完善人才工作体系推动武汉高质量发展的实施意见》	武汉市人社局	2019年	提出注重创新市场化引才用才机制，探索成立市级人力资源运营平台公司，用市场化方式助力人才发展
6	《关于充分发挥市场作用促进人才顺畅有序流动的实施意见》	四川省人社厅	2019年	提出要大力发展高端人才猎头等专业化服务机构，支持各类人力资源服务机构开展高级人才寻访、人才测评等服务，有序开展省内人力资源服务机构等级评定工作
7	《关于鼓励企业通过人才中介机构招才引智的实施办法（试行）》	苏州市人社局	2017年	鼓励企业通过专有人才中介机构招才引智，规定了通过人才中介机构猎头引进人才可申请的引才补贴，完善人才引进相关奖励制度

上述政策体现了政府发挥人力资源服务机构的人才流动及市场化引才作用的情况，体现了政府支持与鼓励的态度和取向，给市场带去了机会与空间，为人力资源服务机构市场化引才提供了政策指引。

3. 建立人才集团，培育和做强市场服务主体

近年来，一些地区陆续建立了人才集团，培育市场化引才主体。一般来说，人才集团是指一地人才引进、培养、服务及人才项目孵化经营管理的主体（企业）。人才集团多为国有独资或控股企业，通常以合资控股参股的形式，开展人才工作的市场化运营。截至2021年12月，注册资本1 000万元以上的人才集团已经有49家。这些人才集团分布在东、中、西和东北部四个区域，其中，主要集中于东部地区，占比81.6%，分布在山东、广东、福建、浙江等地；其次为中部地区，占比14.4%，分布在湖南、湖北、安徽等地。

人才集团的业务特点主要体现在以下几个方面。第一，以市场化的运作模式高效招募人才。如深圳人才集团自成立以来，累计服务公共机构、知名企业、重点学术机构超过50万次，是深圳高度链接全球人力资源库的重要桥梁和开放平台。第二，为人才提供精细化、全链条服务。人才集团基本覆盖了人才服务的各个环节和场景。如武汉人才集团"八大业务板块"，以高端人才猎聘、人才公共服务、人力资源外包、职业教育等为主，提供全方位服务。第三，数字化驱动。各地人才集团不断开发升级人才信息服务，致力于运用数据化、网络化、信息化手段搭建数字平台，创新服务模式。如广州人才集团建设粤港澳大湾区人才产业研究院和人才大数据运营中心，构建"1+2+6"发展新格局。第四，各地人才集团协同发展，构筑区域人才强磁场。山东省人才发展集团更重视"全省一盘棋"协同招引人才的发展理念，强调联合青岛、临沂、潍坊等各地人才集团实现优势互补、互利共赢。

综合来看，此轮人才集团的发展，既顺应了市场在人力资源配置中作用增强的趋势，也是提高人才服务水平、深入推进政府所属人力资源服务机构改革、优化人力资源服务和配置的选择。目前，国家战略对人才发展、

市场化改革提出了新要求，人才集团也面临着市场竞争日益激烈、从业人员素质尚需提升等问题。人才集团要保持健康可持续发展，就需要在打造企业核心竞争力、推进从业人员队伍建设、进一步健全现代企业制度等方面下功夫。

二、人力资源服务业发展的地方政府行为评价体系

（一）指标选取

结合已有的理论研究成果、相关政策文件表述、人力资源服产业特点及统计分析方法的思想，可初步建立包括涉及产业集聚政策、产业扶持政策、产业服务政策、产业监管政策4个一级指标和20个二级指标的指标体系，用以分析促进人力资源服务业集聚的地方政府行为，如表5-2所示[16]。产业集聚政策包括培育龙头企业、建立产业园区、成立规划组织、调整产业区位4个二级指标；产业扶持政策包括调整产业结构、调控产业规模、提供税收优惠、增加财政投入、加大金融支持、提供土地优惠、开放对外政策7个二级指标；产业服务政策包括基础设施服务、创造区域品牌、组织人员培训、构建创新网络、政府采购和搭建信息平台6个二级指标；产业监管政策包括完善法规制度、建立中介机构、建设诚信体系3个二级指标。

1. 产业集聚政策

地方政府采取集聚方式优先发展某类产业的路径选择，一般通过培养龙头企业和建立人力资源服务产业园区的两种主要方式。主要包括以下内容。

（1）培育龙头企业，即对产业中具有发展潜力条件的人力资源服务企业进行重点扶持，以尽快培养出规模扩大、品质提升的人力资源服务龙头企业，为其他中小企业的经营模式探索提供参考依据，带动产业的整体转型升级。（2）建立产业园区是地方政府建立辐射高新技术、生态、园林等产业的专业人才服务产业集聚园区，是促进人力资源服务企业地理集

聚的直接办法之一，使相关企业在区位上强制性获得相互关联的黏性关系，培育产业集聚的深入发展。（3）成立集聚规划组织是为人力资源服务业集聚提供专门的管理人员与机构。（4）调整产业区位分布指的是在省域内有规划地进行多个园区建设。

2. 产业扶持政策

制定产业扶持政策是地方政府对人力资源服务业通过增加资金投入、减轻企业经营压力等方式促进产业集聚、高质量发展的行为，具体包括以下内容。

（1）调整产业结构是就区域所有产业结构而言，对人力资源服务业实施有效而适度的资源配置倾斜。（2）调控产业规模是通过调控产业规模维持集聚区内企业间的"有效竞争"。（3）税收优惠是为符合技术先进型服务及小微型条件的人力资源服务企业提供税收减征或免征优惠，能够在促进产业集聚发展过程中发挥良好的杠杆作用，且具有较高的灵活性，在人力资源服务业集聚的不同阶段，依据产业战略发展目标适时地采取不同的优惠对象、等级等相关具体内容。（4）财政投入例如财政补贴、扶持基金等是对人力资源服务业的直接财政资助，具有执行成本较低、方向性极强的优势，能够为具有较强创新能力的人力资源服务企业提供及时有效的资金支持，同时也能为产业内其他企业树立政府产业政策的发展方向，形成一定的榜样效应。（5）金融支持政策是地方政府在人力资源服务企业融资渠道、担保贷款等金融政策上给予支持，帮助解决中小企业解决融资难的诸多问题。（6）提供土地优惠是为从事人力资源服务业务的企业提供土地租金上的优惠政策。（7）开放对外政策指有组织且有效地进入世界技术市场、引进外来技术的政策。

3. 产业服务政策

公共服务是地方政府为人力资源服务企业提供基础设施、品牌、人才、创新和信息等核心要素并促进产业内要素深度融合的行为，具体包括以下内容。

（1）基础设施服务指标即为人力资源服务企业提供包括公共交通、

电子信息设备、教育资源、医疗卫生资源等基础设施及服务。（2）创造区域品牌是为区域人力资源服务业进行市场推广与品牌建设。（3）组织人员培训是地方政府为区域人力资源服务从业人员提供定期专业技能培训，帮助改善人力资源服务人员的服务技能和综合素质。（4）构建创新网络是地方政府积极构建产学研相结合的人力资源服务业创新网络的行为。（5）政府采购指的是使用财政性资金采购依法制定的集中采购目录以内的或者采购限额标准以上的人力资源服务的行为。（6）建立信息共享平台是地方政府搭建包括技术、管理、市场、人才、品牌等人力资源服务业多要素集成化信息平台的行为。

4. 产业监管政策

守卫市场环境是地方政府为约束人力资源服务企业市场行为、维护人力资源服务业有序竞争的监管职能。一方面，地方政府为促进区域人力资源服务业集聚的良性发展，应当在人力资源服务企业的产业进出、竞争与协调和兼并与联合上制定对相关企业的约束政策，从而使集聚效益发挥到最佳状态；另一方面，为了维持集聚区内人力资源服务企业间的"有效竞争"，地方政府会在市场扩张时期强化产业的规模管理，改变产业组织的散、乱、小的局面，而在市场相对萎缩时期应促进企业的兼并与联合，避免出现过度竞争和不正当竞争。根据地方政府监管职能方式的不同，可将其细分为完善法规制度、建立中介机构、建设诚信体系三项内容。（1）完善法规制度是指在中央政府人力资源服务业宏观指导政策下进一步完善人力资源服务行业准入、良性竞争的法规制度。（2）建立中介机构是指通过建立行业协会、商会等中介组织，协助政府发挥市场监管职能。（3）建设诚信体系是指积极建立行业诚信体系，创建产业品牌的良好信誉。

采用市场调研方法，通过电子邮件、问卷星的方式向人力资源服务企业发放问卷，共发放100份，回收92份，有效问卷84份，有效问卷比例为91.3%。将隶属度数值小于0.7的指标予以剔除，根据调研中反馈的意见对相关指标进行重新整理得到如下评价指标（表5-3）。

表 5-2 地方政府促进人力资源服务业发展的政府行为指标体系

目标	一级指标	二级指标	指标解释
促进人力资源服务业发展的政府行为	产业集聚政策	培育龙头企业	对产业中具有发展潜力的人力资源服务企业进行重点培养
		建立产业园区	建立辐射高新技术、生态、园林等产业的专业人才服务产业集聚园区
		成立规划组织	为人力资源服务业集聚提供专门的管理人员与机构
		调整产业区位	在省域内有规划地进行多个园区建设
	产业扶持政策	调整产业结构	就区域内所有产业结构而言，对人力资源服务业实施有效而适度的资源配置倾斜
		调控产业规模	通过调控产业规模维持集聚内企业间的"有效竞争"
		提供税收优惠	为符合技术先进型服务及小微型企业提供税收减征或免征优惠
		增加财政投入	对于符合条件的人力资源服务企业给予财政补贴或产业扶持基金等
		加大金融支持	在人力资源服务企业融资渠道、担保贷款等金融政策上给予支持
		提供土地优惠	为从事人力资源服务业务的企业提供土地租金上的优惠政策
		开放对外政策	有组织且有效地进入世界技术市场、引进外来技术等
	产业服务政策	基础设施服务	提供包括公共交通、电子信息设备、教育资源、医疗卫生等基础设施及服务
		创造区域品牌	为区域人力资源服务业进行市场推广与品牌建设
		组织人员培训	为区域人力资源服务业从业人员提供专业技能培训
		构建创新网络	积极构建产学研结合的人力资源服务创新网络
		政府采购	使用财政性资金采购人力资源服务
		搭建信息平台	搭建人力资源服务集成信息平台
	产业监管政策	完善法规制度	完善人力资源服务行业准入、良性竞争的法规制度
		建立中介机构	建立行业协会、商会等中介组织，协助政府发挥监管职能
		建设诚信体系	积极建立行业诚信体系，创建良好信誉

表 5-3　地方政府促进人力资源服务业发展的政策指标体系

目标	一级指标	二级指标	权重
促进人力资源服务业发展的政府行为	产业集聚政策	培育龙头企业	0.071
		建设产业园区	0.081
	产业扶持政策	调整产业结构	0.144
		提供税收优惠	0.012
		增加财政投入	0.058
		加大金融支持	0.206
		提供土地优惠	0.011
		鼓励国际化发展	0.025
	产业服务政策	打造区域品牌	0.125
		组织人员培训	0.026
		构建创新网络	0.051
		搭建信息平台	0.029
	产业监管政策	完善法规制度	0.097
		建立中介机构	0.029
		建设诚信体系	0.035

（二）权重确定

邀请 7 位来自 Q 市人社局、人力资源服务企业、高校的专家，针对上述指标体系构建相对重要性的判断矩阵，根据层次分析法求权重的过程得到如表 5-3 所示的权重结构。

产业集聚政策指标体系综合反映了地方政府干预人力资源服务业集聚的细分行为指标及其相对重要性排序。从数据结果来看，制定人力资源服务产业扶持政策被认为是最能促进人力资源服务业集聚的地方政府行为，占到权重百分比的四成，产业扶持政策尤其是为人力资源服务企业提供金融支持是分析地方政府促进人力资源服务业集聚行为的主要内容，而调整产业结构也能够反映出中小企业对区域产业结构转型、增加市场需求的诉求，侧面反映出人力资源服务业是一个与区域产业规划紧密相关的服务产业。另外，地方政府通过增加财政投入、提供对外开放政策也是吸引人力资源服务业集聚的重要内容。公共服务政策、产业监管政策权重值较低，考虑原因是人力资源服务业尚处于市场化初级阶段，地方政府正处于"放"的产业管理阶段，积极通过建立人力资源服务产业园的方式吸引相关企业进行地理聚集，一方面能够有效激发市场活力，另一方面，由于人力资源服务企业数量多、规模小、布局分散，为地方政府提供人员培训、创新网络构建和信息平台搭建造成一定困难，在促进产业集聚上发挥作用较小。供给公共服务在三个指标中重要性最高，也体现了与成立产业地理集聚相比，通过组织人员培训、构建创新网络和打造区域品牌等供给公共服务的方式同样有利于促进人力资源服务业各要素之间的深入融合。

图 5-1 更加直观地表现出了地方政府各项细分行为对促进人力资源服务业集聚的重要性排序。可以看出，为人力资源服务企业提供金融支持政策、调整产业结构、打造区域品牌和完善法规制度是评价地方政府促进集聚行为的主要指标，说明了上述产业扶持政策、产业服务政策和产业集聚政策都应该是地方政府促进人力资源服务业集聚的重要着力点；建设产业园区、培育龙头企业、加大财政投入、构建创新网络在所有指标重要性排序中排第二梯队，而建设诚信体系、鼓励国际化发展、建立中介机构、组织人员培训等重要性排序依次靠后。

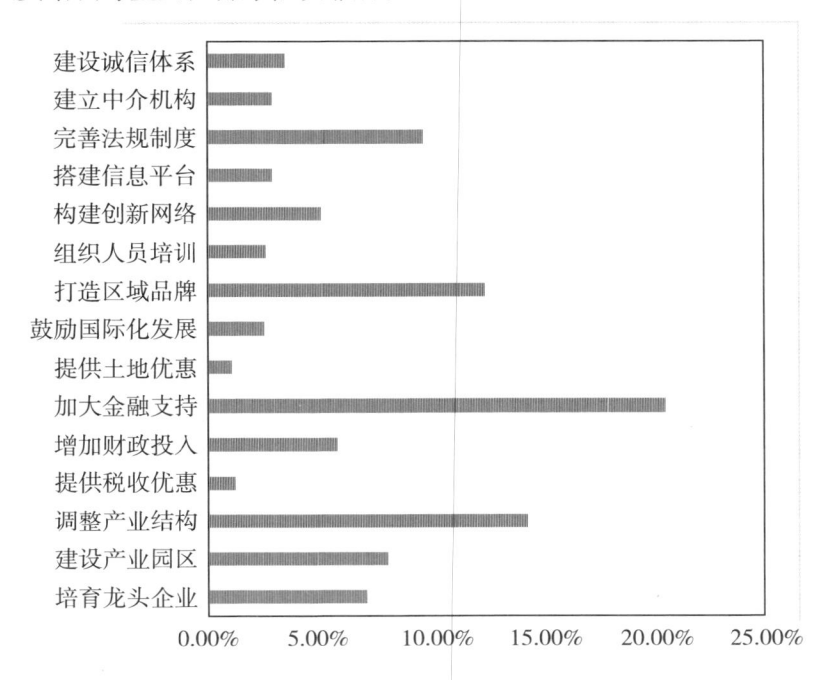

图 5-1 促进人力资源服务发展的政策指标权重

总结促进人力资源服务业集聚的地方政府行为的相对重要性，可以发现，目前地方政府应加强对人力资源服务产业集聚的宏观管理能力，积极为集聚发展创造平台与机会，而暂时将建立中介机构、组织人员培训和建设诚信体系放在次要地位，逐步推进人力资源服务业产业集聚的进程。本书认为，从长远来看，地方政府不可能一直处于支配产业发展的地位，培养自主创新能力是人力资源服务业可持续发展的不竭动力，地方政府在人力资源服务业市场化进程中要提供产业创新的平台和条件，特别是要根据地方经济的比较优势，制定产业长期发展规划，确立集聚发展方式，通过科学的空间组织模式增强地方产业的整体竞争实力，同时构建人力资源服务产业协会等中介机构，为人力资源服务业的区域集聚创造良好的软、硬环境，提供支持性的专属性生产要素，鼓励增强中小企业协同创新的能力。

第二节 促进人力资源服务产业园发展的政府政策作用

一、我国人力资源服务产业园的建设特征和政策作用基础

（一）人力资源服务产业园的建设特点

从全国人力资源服务产业园的建设情况来看，主要有以下特点。

1. 人力资源服务产业园选址通常位于市中心或者商业带、金融中心

如上海人力资源服务产业园"上海人才大厦"主核心区，地处中心商业带，毗邻苏河湾核心商务区域；杭州人力资源服务产业园下城园区环绕城北金融中心集聚区；海峡人力资源服务产业园鼓楼区分园，连接CBD区、金融商务中心。人力资源服务产业园选址于商业中心可以更大程度上贴近服务企业和服务群体，提供更便捷的服务，同时有利于人力资源产品和服务的创新与转型升级。

2. 人力资源服务产业园周边公共交通便捷，生活商业配套设施完善

为方便服务群体出行，11个人力资源服务产业园周边的公共交通配套设施均便捷完善，公共地铁线路资源丰富，而且距离高速公路、火车站、机场车程时间较短。人力资源服务产业园周边均配有商场、餐饮、医院、银行等配套服务设施，方便满足园区工作人员和服务群体的不同需求。

3. 人力资源服务产业园建设依托工业园、软件园、科技园、大学城等

如重庆人力资源服务产业园位于国家级开发区两江新区的核心区域；中原人力资源服务产业园位于郑州航空港经济综合试验区；海峡人力资源服务产业园地处福州软件园内，苏州人力资源服务产业园昆山分园毗邻昆山开发区、清华科技园、工研院，常熟分园毗邻吴江开发区、高新区、太湖新城；成都人力资源服务产业园位于成都高新区天府软件园内，园区已经形成软件服务外包、软件产品研发、通信技术、数字娱乐、移动互联、共享服务中心等几大产业集群，汇集了一大批国内外知名软件信息服务、科技型企业，成都人力资源服务产业园还可享受软件园内优惠扶持政策。人力资源服务产业园区集聚工业园、软件园、科技园、大学城等产业、科技、人才等基础优势，更容易形成"孵化创新、产业群体、人才培养、技术研发、规模生产、专业服务、营销物流"等产业体系和创新体系打造的、完整的人力资源服务业的上游和下游的产业链。

（二）人力资源服务产业园建设的政策基础

从人力资源服务产业园的演变历程来看，可以说它是社会经济发展的产物，是特定的环境和条件促成了园区的形成和发展。

1. 经济环境是形成人力资源服务产业园的基础条件

我国的宏观经济环境目前总体维持中高速增长，经济结构优化升级，第三产业发展迅速，企业对外部的人力资源服务的需求量以及专业化需求正在逐步提升，人力资源服务新业态、新产品在分化中孕育和成长。人力资源服务产业园对于人力资源服务机构而言，是一个推广人力资源服务和产品的平台；对于区域经济而言，通过人力资源服务产业园集聚人力资源服务机构发展人力资源服务业，不仅能完善行业的全产业链，还能增强人力资源服务与其他产业关联度和其本身服务其他产业的水平和效能，提高附加值，有助于形成新的经济增长点。

2. 良好的制度和政策环境是建立人力资源服务产业园区的必要条件

随着改革开放的深入，人力资源服务市场化进程逐渐加快，国家顺应市场变化，引导行业健康良性发展，从各个层面先后出台相关政策法规。例如《国务院关于加快发展服务业的若干意见》《国家中长期人才发展规划纲要（2010—2020）》《人力资源和社会保障部关于加快推进人力资源市场整合的意见》，都在宏观战略上确定了产业园的建设发展工作，而各地地方政府则在贯彻落实国家政策的基础上为本地推动人力资源服务产业园建设制定了更加具体落地的政策措施，体现特色。

3. 地方政府的重视与推进是建设人力资源服务产业园区的保障

在人力资源服务产业园的建设中，地方政府作为具体落实推进的重要部门，起到了重要的保障作用。在硬件方面，选定相对固定的区域进行基础设施建设，提供交通通信等基本保障，保证园区在发展之初就具有较高的战略高度。在软件方面，为园区发展搭建发展公共服务平台，在政策引导、整合资源、人才服务等诸多方面提供相应扶持和支持。

二、政府推动人力资源服务产业园发展

（一）国家制定宏观政策确定建设人力资源服务产业园

国家从战略层面对人力资源服务行业发展做出了部署，对人力资源服务产业园的发展模式的创建具有很大的促进作用，确认人力资源服务产业园区为人力资源服务集聚发展的主要抓手和载体。

2007年，国务院发布的《关于加快发展服务业的若干意见》首次明确提出了国家要着力发展人才服务业，完善人才资源配置体系，扶持一批具有国际竞争力的人才服务机构。2010年，中共中央、国务院发布的《国家

中长期人才发展规划纲要（2010—2020年）》提出，要在统一规范开放的人力资源市场基础上发展专业性人才市场，健全专业化和信息化的人才市场服务体系，培育专业化人才服务机构，注重发挥人才服务行业协会作用，为人力资源服务业发展奠定了政治基础并提供了更加广阔的舞台。

2011年，《人力资源和社会保障事业发展"十二五"规划纲要》中明确提出要规范发展人事代理、人事推荐、人员培训、劳务派遣等人力资源服务。《人力资源和社会保障事业发展"十二五"规划纲要》特别提出推动人力资源服务产业园区发展来形成集聚效应。将人力资源服务产业园区作为人力资源服务业发展的推进计划之一，通过优惠政策引导人力资源服务机构入驻，发挥园区培育、孵化、展示、交易的功能。2012年，国务院印发的《服务业发展"十二五"规划》将人力资源服务业列入新兴服务业，指出要构建多层次、多元化的人力资源服务机构集群，探索建立人力资源服务产业园区。

2014年，国务院印发的《关于加快发展生产性服务业促进产业结构调整升级的指导意见》将人力资源服务作为生产性服务业重点发展领域，以产业引导、政策扶持和环境营造为重点，引导各类企业通过专业化的人力资源服务提升人力资源管理开发和使用水平，加快形成一批具有国际竞争力的综合型、专业型人力资源服务机构，提升劳动者素质和人力资源配置效率。同年，人社部、国家发改委、财政部三部委联合下发的《关于加快发展人力资源服务业的意见》明确了将人力资源服务产业园建设作为加快发展人力资源服务业重点之一，要加强园区统筹规划和政策引导，通过制定完善园区管理办法加强园区管理，创新发展并符合市场需求，形成人力资源公共服务枢纽型基地和产业创新发展平台，发挥培育孵化和展示交易功能，重点建设一批布局功能合理完善有规模有影响的人力资源服务产业园区。

2016年，《人力资源和社会保障事业发展"十三五"规划》提出以产业升级和提高效率为导向发展人力资源服务等产业。《人力资源和社会保障事业发展"十三五"规划》指出，加强统筹规划和政策引导，培育创新发展、符合市场需求的人力资源服务产业园，形成人力资源公共服务枢纽型基地和产业创新发展平台。

2017年，人社部印发的《人力资源服务业发展行动计划》提出，要培育建设一批有规模、有辐射力、有影响力的国家级人力资源服务产业园和一批有特色、有活力、有效益的地方人力资源服务产业园。

2021年，《人力资源和社会保障事业发展"十四五"规划》指出，要加强国家级人力资源服务产业园规划和建设，新建一批国家级园区。鼓励有条件的地区根据本地经济发展和产业转型需要，培育建设一批有特色、有活力、有效益的地方产业园。开展人力资源服务产业园建设评估。

（二）地方政府主导人力资源服务产业园运营管理

当前，我国人力资源服务业产业园的建设模式不一，主要以布局模式和运营管理模式两种方式来划分。从实践来看，无论哪种模式，都与地方政府有着密切联系，政府可以说发挥了重要作用。

1. 在园区布局中注重公共服务整合

人力资源服务产业园区布局模式主要是以功能区块来划分的，可以分为楼宇模式和"一区多园"模式。

楼宇模式是指以商务楼宇为载体建设人力资源服务产业园的一种布局模式。楼宇模式下的产业园具有完整的综合配套服务设施，集聚政府公共服务部门及服务窗口、人力资源服务企业或者相关的经营性服务机构。人力资源服务产业园有完整的园区管理、市场服务、咨询服务、信息服务等配套服务功能，可面向社会、企业、人才提供公共性与经营性服务。楼宇模式的典型代表是中国上海人力资源服务产业园。

"一园多区"模式是指人力资源服务产业园由多个功能不尽相同的分园区组合而成，统一协调规划、分区管理和多元投资建设运营，形成组团式产业园。按照分园区功能与地位的不同，"一园多区"可细分为两种类型：一种是由多个功能相似的若干综合性园区组成，一般是在每个综合性园区中都具有一定公共服务功能，典型代表是中国苏州人力资源服务产业园；

另一种是由多个功能性互补的若干专业性园区组成，一般是有一个专门的公共服务功能区，典型代表是深圳人力资源服务产业园。

2.在运营管理中注重政府统筹

从运营管理模式来看主要有政府主导模式、公司治理模式和混合运营模式，政府均不同程度地参与其中。

政府主导模式是指政府成立人力资源服务产业园区运营管理机构负责日常服务。依托传统人力资源市场转变发展而来的人力资源服务产业园，较多采用这种模式，如上海和苏州的产业园。上海人力资源服务产业园区采用市政府决策部署、市人社局和静安区政府会商执行、园区服务机构日常管理的"三级"管理体制。政府主导模式在园区开发中也有体现，通常由政府背景开发主体以项目融资方式开发建设，由开发主体推进产业园建设，政府在产业园开发建设阶段贯穿产业园规划、建设、开发的全过程，此种模式为大多数人力资源服务产业园区所采用，浙江杭州、QL省QLYT等产业园采用类似建设模式。

公司治理模式，又称为无管委会管理体制或公司型管理体制，市场化开发建设的人力资源服务产业园区采用较多。企业是园区建设者和管理者，但开展土地开发、项目招标、相关经济活动的同时也需要政府的管理实务职能配套，江苏宿迁、苏州吴中的产业园体现了这种市场化运营模式。

混合运营模式，由政府和企业共同出资建立运营企业，负责人力资源服务产业园的运营管理和服务工作，在缺少产业园运营人才和运营经验的地区较多采用该运营方式。江苏盐城人力资源服务产业园采取政府提供政策支持、企业独立运营方式，安徽安庆人力资源服务产业园采用政府为主导、市场为主体的运营方式。混合运营模式在产业结合地产模式和综合建设发展模式中也有运用，政府主要在产业园开发建设阶段对产业园进行规划，并给予适当引导与扶持，面向市场进行定向招商，允许企业参与产业园投融资建设。江苏昆山人力资源服务产业园以政府及政府所属企业等多方投资主体共同筹建，江苏常熟人力资源服务产业园采取政府引导与社会资本合作建设，就类似此种建设模式。

第三节 国内人力资源服务产业园的政策激励实践经验

一、典型产业园区的激励政策

（一）上海人力资源服务产业园

中国上海人力资源服务产业园于2010年11月正式挂牌成立。上海产业园以上海人才大厦为核心，建筑面积约4.5万平方米，辐射周边楼宇2.18万平方米。园区聚集了一批国内外知名人力资源服务企业，如任仕达（中国）、万宝盛华、上海外服、北京外企、前程无忧、智联易才等。上海产业园在集聚产业、创新行业发展模式、培育新经济增长点等方面取得的显著成绩，离不开有效产业政策的扶持和指引。

1. 制定产业园的发展规划政策

上海市政府在产业园的筹建时期就制定了《"中国上海人力资源服务聚集区"发展规划》和《闸北区关于促进人力资源服务产业发展，打造"中国上海人力资源服务业集聚区"实施意见》，确定了园区的发展目标和战略定位。在产业园发展的第三个年头，政府经过实地调研，并结合上海市的人力资源市场现状和社会经济发展的实际情况，制定了产业园的三年发展计划（2015—2017）。从上述规划中不难看出，政府具有前瞻性，不仅为上海产业园的发展指明方向，同时也在不停地调整规划，使其更加具有可行性。

2. 整合各项产业扶持政策

2017年，上海正式出台了《静安区促进人力资源服务业发展的实施办法（试行）》，引导人力资源服务企业或机构集聚园区，鼓励初创企业入园进行创新，加大人力资源服务中高层次人才引进的力度，旨在促进人力资源服务产业健康发展。另外，上海全面实施人力资源服务产业人才引进和培训，落实了创业补贴、办公室租赁、管理服务等方面的优惠政策。同时，出台激励政策鼓励产业园的企业进行创新创业、与国际国内同行进行交流，进行现代服务技术项目合作等。

3. 设立专门职能科室服务产业园

2014年，上海市人社局设置了人力资源科，主要负责推进人才工作与产业发展相融合。2015年初设立了产业发展科。2015年底，分别设立了行政审批科、产业发展科、人才服务科，采用更加精细化的管理服务，由专业人员直接对接人力资源服务机构的证照审批、入驻扶持、人才管理等工作，使得园区各项服务工作的开展更加顺畅。

（二）苏州人力资源服务产业园

中国苏州人力资源服务产业园于2014年10月正式开园，规划面积22.92万平方米，总投资44.6亿元。它是人力资源和社会保障部正式批准建立的第四家国家级人力资源服务产业园。

近年来，苏州政府根据实际情况，因地制宜出台了一系列政策措施，建立健全人力资源服务发展的政策体系，推动苏州产业园建设健康有序进行。具体政策如下。

1. 出台产业园发展规划政策

2014年，也就是苏州产业园开园之年，苏州市政府出台了《中国苏州人力资源服务产业园发展规划（2014—2018年）》（以下简称《规划》）。该《规划》是政府在前期调研的基础上，组织专家、行业龙头企业、其他相关部门进行多次专题研讨和深度座谈，对产业园的规划草案进行反复论证和评审，最后确定了产业园的总体发展目标：2018年，将苏州产业园建设成为"国内一流"，与国际接轨的人力资源服务引领辐射区。产业园要抓住国家级园区这个契机，在发展规模、发展水平、发展质量和发展效益方面下功夫，培育人力资源服务新兴产业，促进人力资源服务企业规模扩大，服务质量不断提升。

2. 制定人力资源服务业发展的推进政策

2015年3月，苏州市政府出台了《关于加快推进人力资源服务业发展的若干实施意见》（以下简称《意见》）。该《意见》明确提出苏州人力资源服务业发展的指导思想、目标定位和具体措施，从而确保人力资源服务发展目标与国家级人力资源服务产业园建设目标的融合统一。2015年8月，苏州市政府办公室在上述意见的基础上，又出台了《关于加快推进人力资源服务业发展的若干实施意见任务分解方案》，旨在细化工作目标，把责任分解到各部门，同时确定各项目标任务的牵头部门、责任单位和完成时间，从而提高了推动人力资源服务业发展的工作效能。

3. 推行专项资金的使用和管理政策

2015年，苏州市人力资源和社会保障局联合苏州市财政局制定出台了《人力资源服务业发展专项资金使用管理暂行办法》，主要对人力资源服务业高层次人才培养、人力资源企业培育、人力资源服务产业园建设运营、人力资源公共服务购买等方面的资金使用做了明确规定，其期限为2015—2018年，专项资金由苏州市财政局列入年度财政预算，由上述两个部门共同管理。

4. 扶持职业介绍企业的补贴政策

2015年，苏州市人力资源和社会保障局制定出台了《关于拓展苏州市职业介绍补贴范围的通知》，其目标是引导和整合更多人力资源服务机构参与救援援助和就业服务。同时还规定享受职业介绍补贴的人力资源服务机构应在当地人力资源和社会保障部门网站上进行公示，对于职业介绍补贴发放情况按季度上报报表。

5. 产业园的认定和评估政策

2016年，苏州政府为了推进园区产业集聚的建设步伐，成立专门小组，通过反复调研和讨论，制定出台了《苏州市市级人力资源服务产业园认定办法》（以下简称《办法》）。该《办法》对产业园建设规划、立项审批、运营管理和配套服务提出了明确要求，对独立产业园、"一园多区"等不同类型园区的建园标准，包括建设面积、集聚机构数量和营业收入等进行了量化规定。根据该《办法》，苏州市政府将高新区、常熟区、吴江区和昆山区的人力资源服务集聚区认定为市级人力资源服务产业园。

（三）杭州人力资源服务产业园

杭州人力资源服务产业园于 2013 年全面启动。杭州产业园主要由下城和江干园区构成，建筑面积共计 12.2 万平方米。杭州产业园的发展目标是扩展产业规模，促进产能升级和提升园区企业的综合竞争力。政府在促进产业园的发展中出台了以下政策。

1. 制定产业园的发展规划

2015 年，杭州市政府出台了《中国杭州人力资源服务产业园发展规划（2015—2020）》，该规划明确提出产业园向规模化、集聚化和合作化方向发展。2017 年制定了《中国杭州人力资源服务产业园三年行动计划（2018—2020 年）》，该计划提出以集聚产业、拓展服务、孵化企业和培育市场为重点工作，勾画出产业园发展的路线图和时间表。

2. 注重提升从业人员的整体素质

政府制定实施人力资源服务业人才培养引进计划，通过与高校或国内外协会合作，培养市场急需的管理咨询服务、猎头服务、人力资源战略规划等专项性高端人才。另外，园区在引进人力资源研发机构时，设立人力资源服务研究院，针对人力资源服务项目、服务营销策略、从业人员专业能力和职业道德等进行研究开发和专业培训，建立园区的人力资源从业人员培训基地，并要求园区人力资源服务企业的从业人员要参加为期三年的体系化培训，从而提高整体从业人员的素质。

3. 实现税收优惠政策

政府对新引进的人力资源服务企业，年度纳税额达到或超过 100 万元的，前三年按照区级财政留存部分的 100%、70%、50% 给予补助。对于已经入住园区的人力资源服务企业，年度纳税额达到或超过 200 万元的，较上一年新增区财政贡献的 50% 给予补助，同时，对于知名服务业和中介服务高管及专业技术人员实行个税优惠政策。

二、典型产业园区政策激励实践的经验启示

（一）产业保障性激励启示

税收优惠政策是一种具有长期激励效应的政策工具，借鉴杭州产业园的税收优惠政策，不仅对企业进行减免税收、税收补助政策，同时对个人也采取个税优惠政策，很大程度上激励了企业和个人的积极性。地方政府应更多采用间接优惠政策，提高对整个人力资源服务企业的普惠性和长期性支持。根据产业发展目标，实施差异化的税率政策，发挥税收优惠政策的最大功效。

（二）产业发展性激励启示

上海产业园的发展之所以取得成功，很大程度上归功于政府设立的专门科室，直接对接产业园的各项需求，保持产业园与各个部门的沟通顺畅无阻，推动精细化服务。该机构主要发挥两方面的作用。其一，制定人力资源服务产业的发展政策。专门机构的成员必须具备深厚的人力资源专业知识，充分了解现有政策、发展规划，以及所在地的经济发展现状等，根据实际诊断和分析结果，制定发展政策，并邀请各利益相关方代表如企业、政府、行业专家学者、社区等进行多轮集体审议和论证，使各利益方在政策决策中发声，充分交换信息，最后达成共识，从而有利于后续发展政策能够顺利执行。其二，跟踪和监管人力资源服务产业发展政策的落实情况和实际成效。专门机构根据发展政策，科学制定产业监测指标体系，定期收集各类统计数据，分析和评估产业的发展情况，及时修正产业政策。

（三）产业创新性激励启示

人力资本是园区企业创新的关键要素之一，虽然很多人力资源服务企业意识到培训对企业员工的重要性，但是大多数企业实力较弱，没有足够的资金投入员工的培训中。在知识更新迭代速度飞快的当下，政府应该承担"服务者"的角色，为产业园的从业人员提供免费培训。例如，杭州政

府对产业园出台系统化的长期培训政策，帮助园区企业的从业人员提升工作技能和个人综合素质。

第四节　Q 市人力资源服务业发展的创新政策与举措

人力资源服务业是现代服务业的重要组成部分，党的十九大明确提出加快建设实体经济、科技创新、现代金融、人力资源协同发展的产业体系。这为人力资源服务业的优化升级指明了方向。近年来，Q 市充分重视人力资源服务业，坚持政策引领，持续优化产业环境，推动人力资源服务产业朝着数字化、集聚化、专业化、国际化的方向发展，为区域经济和产业发展提供了充足人力资源保障，对区域经济的贡献值连年提高。2021 年度，Q 市人力资源和社会保障局在促进人力资源服务业发展方面，出台了若干具有创新理念的政策方案，本节选择典型方案予以介绍。

一、促进人力资源服务业高质量发展的十六条举措

2021 年度，为了加快人力资源服务业实现"做大行业规模、优化行业结构、提升市场化水平、推进融合创新发展、打造高素质职业化人才队伍"五个维度架构顶层设计，充分体现政策举措的目标性、可行性、引领性，赋予人力资源服务行业更多的社会认同感，进一步推动全市人力资源服务业快速高质量发展，Q 市出台了《关于加快人力资源服务业高质量发展的若干措施》，共涉及 5 大工程 16 条举措。

（一）政策内容

1. 实施产值倍增工程，加快做大人力资源服务行业规模

举措 1　实施上市培育计划，遴选具备上市条件、总部在 Q 市的人力资源服务机构，一对一制定培育扶持方案，实现本土人力资源服务机构上市零的突破，对纳入高新技术企业上市培育库、建设市级技术创新中心的

机构给予20万元科技计划项目支持。对拟上市的人力资源服务机构，根据上市进程分阶段给予累计最高400万元补助。对在全国中小企业股份转让系统挂牌的人力资源服务机构，给予120万元的一次性补助。

举措2 实施领军扶持计划，遴选一批引领转型升级、快速实现产值倍增的领军型人力资源服务机构，给予领办人50万元至100万元奖励。

举措3 实施重点引进计划，每年遴选一批新落地高端人力资源服务机构领办人，给予最高400万元奖励。

举措4 实施强基（强化基础）激励计划，对纳统（纳入统计）人力资源服务机构按其每年新增营业收入给予奖励，单个企业最高奖励30万元。

2. 实施转型升级工程，加快优化人力资源服务行业结构

举措5 积极鼓励人力资源服务科技化转型，鼓励人力资源服务机构创建科技型企业，对首次通过及再次通过认定的高新技术企业，分别给予15万元和10万元奖励。

举措6 支持人力资源服务品牌化发展，打造"Q市优秀人力资源服务机构"品牌，对为保障劳动用工、招才引智等做出突出贡献的人力资源服务机构，给予最高30万元奖补。

举措7 推动人力资源服务规范化发展，加快人力资源服务诚信体系建设，对获得国家、省、市三级诚信机构的，分别给予20万元、15万元、10万元奖励。

3. 实施市场拓展工程，加快提升人力资源服务市场化水平

举措8 加大政府购买服务力度，支持经营性人力资源服务机构有偿参与政府购买服务目录项目，落实国家"互联网＋人力资源服务"发展战略要求，大力支持人力资源服务数智化转型。

举措9 鼓励招引产业高端人才，充分发挥社会力量引才作用，人力资源服务机构或企业委托人力资源服务机构引进优秀高层次人才的，按标准给予一定奖励。

举措10 支持创建招才引智平台，鼓励人力资源服务机构创建Q市人才驿站、Q市招才引智工作站，承担招才引智相关工作任务，经评估考核

按规定给予奖补。

4.实施创新发展工程，加快推进人力资源服务融合创新发展

举措11　鼓励搭建平台集聚发展，培育一批有规模、有特色、有辐射力、有影响力的产业园区，对新获评市级现代服务业集聚区的人力资源服务产业园给予50万元奖励。将人力资源服务产业园纳入市人才园区范围，根据绩效评估结果给予园区补贴奖励。

举措12　鼓励参与重大发展战略，围绕重大发展战略部署，鼓励支持人力资源服务机构、人力资源服务产业园、人力资源服务业发展促进会、人力资源服务行业协会（联盟）自主举办具有行业影响力的活动，每年评选一定项目给予最高不超过50万元奖励。

举措13　鼓励扩大对外开放与合作，推广人力资源服务国际化发展"Q市模式"，支持有条件的人力资源服务产业园争创国家级人力资源服务出口基地。

5.实施人才队伍建设工程，加快打造一支高素质、职业化人才队伍

举措14　实施骨干人才职业发展计划，在人力资源服务产业园建设人力资源服务培训基地、见习及实习实训基地，加快行业骨干人才和基础人才培养培训，推动人力资源管理专业职称评审工作，鼓励人力资源服务机构开展技能人才自主评价，支持行业组织开展人力资源服务业领军人才评选，建立行业发展智库。

举措15　实施领军人才挂职培养计划，鼓励人力资源服务机构领军人才到头部企业、机关事业单位挂职，助力头部企业解决劳动用工、招才引智等需求。

举措16　实施突出贡献人才服务保障计划，对"Q市优秀人力资源服务机构"领办人进行通报表扬，聘为"Q市引才大使"，并按照定制化支持有关规定发放《Q市高层次人才服务绿卡》，按规定享受子女入学、就医就诊等绿色通道服务。

（二）政策成效

截至 2021 年年底，全市人力资源服务机构（含劳务派遣机构）达到 2 668 家，人力资源服务业营业收入达到 364.8 亿元，服务用人单位 53.5 万家次，帮助实现就业、择业和流动 230.6 万人次。2021 年度 Q 市成功举办中国（Q 市）RCEP 人力资源服务产业发展峰会。立足 RCEP，Q 市经贸合作先行创新试验基地建设，充分发挥了平台集聚优势和人力资源服务产业平台"灯塔"赋能效应。成功举办了中国服务外包峰会，邀请服务外包领域龙头企业及专家学者进行行业分析，推动 Q 市人力资源服务外包产业集聚及跳跃式发展。

Q 市国际人力资源服务产业园获评 Q 市 2021 年度市级现代服务业集聚区。高端的高级人才寻访（猎头）、人才测评、人力资源外包服务、人力资源管理咨询等人力资源服务快速发展。尤其是在经济快速增长趋势的带动下，为用人单位推荐高层次人才的高级人才寻访（猎头）服务需求保持相对稳定。

二、Q 市人力资源服务行业促就业行动实施方案

为深入贯彻党中央、国务院关于做好"六稳""六保"工作的决策部署，充分发挥人力资源服务行业在促进就业方面的职责作用，根据《人力资源社会保障部关于开展人力资源服务行业促进就业行动的通知》（人社部发〔2020〕58 号）要求，多措并举促进就业，确保全市就业大局稳定和经济社会持续健康发展，决定在全市开展人力资源服务行业促就业行动。Q 市人力资源和社会保障于 2021 年 9 月印发了《Q 市人力资源服务行业促就业行动实施方案》。

（一）方案内容

1. 开展联合招聘服务

充分发挥人力资源服务机构作用，积极参与"春风行动""Q 市招才

引智名校（高校）行""百所高校千名博士Q市行""中国Q市蓝色经济国际人才暨产学研合作洽谈会"等促就业服务活动，通过线上线下结合、跨区域协同、校企联动联合等形式，多渠道、全方位发力，联合开展招聘服务活动，激发促就业的倍增效应。鼓励人力资源服务机构拓展各类线上求职招聘服务模式，打造更优、更便捷的线上招聘服务平台，满足各类求职者就业择业需求。按照常态化疫情防控相关要求，鼓励人力资源服务机构逐步开展日常招聘服务和小型化、灵活性现场招聘活动，安全有序开展线下招聘活动。

2. 开展重点行业企业就业服务

组织推动人力资源服务机构聚焦上海合作组织地方经贸合作示范区、QL省自贸试验区Q市片区等重点区域和工业互联网等重点产业，为企业提供用工招聘、人才寻访、劳务派遣、员工培训、人力资源服务外包等精准服务。引导人力资源服务机构主动为受疫情影响严重、存在较大经营困难的行业企业，尤其是中小微企业，提供劳动用工管理、薪酬管理、社保代理、发展规划等实用型服务。鼓励人力资源服务机构充分发挥专业优势，广泛参与政府部门、社会组织开展的各类援企稳岗活动。

3. 开展重点群体就业服务

汇编各项稳就业促就业政策规定，采取多种形式向人力资源服务机构进行精准推送，引导有效落实。依托Q市促进人力资源产业发展联盟，联合驻Q市各高校、职业（技工）院校，全面对接Q市各类企业用工需求，推动校企合作，促进学生就业与企业用工有效衔接。引导人力资源服务机构广泛面向困难企业职工、城乡未继续升学初高中毕业生、城镇登记失业人员、退役军人、农村转移就业劳动者及就业困难人员等，开发创新服务产品和服务模式，有针对性地开展精准招聘、创业扶持、技能培训等多样化人力资源服务。

4. 开展促进灵活就业服务

鼓励人力资源服务机构进一步拓展和优化人力资源服务外包等业务，创新服务模式，提升服务水平。鼓励人力资源服务机构为各类企业，特别是用工密集型企业，提供招聘、培训、人事代理等精细化服务。组织人力资源服务机构针对部分企业人力资源闲置、部分企业用工短缺等资源不平衡问题，多渠道搭建服务平台，开展企业间"共享用工"，为阶段性缺工企业提供供需对接服务。充分发挥灵活务工市场作用，广泛发布短工、零工、兼职及自由职业等供需信息，支持劳动者灵活就业。

5. 开展就业创业指导服务

支持人力资源服务产业园和人力资源服务机构，紧密结合市场需求，优化就业创业培训项目、产品，提供各类实用型就业创业指导服务。突出创业带动就业倍增效应，引导人力资源服务机构对有创业意愿的劳动者，提供职业规划、创业指导、招聘用工、经营管理、投融资对接等一体化服务，通过服务创业有效带动促进就业。鼓励人力资源服务产业园和人力资源服务机构开展竞赛、成果展示交流等活动，推动创业项目、创业资本、创业政策等有效对接，营造有利于创业发展的良好环境。

6. 开展优质培训服务

聚焦产业发展新需求新动态，发挥人力资源服务机构牵引带动作用，大力开展线上培训，针对用人单位和劳动者的就业创业、技能提升等培训需求，积极开发和升级在线学习、直播课堂等服务项目，提供实用性强的赋能培训服务。鼓励有条件的人力资源服务机构承担职业技能培训任务，参加企业稳岗扩岗专项支持计划，支持企业稳岗扩岗，助力劳动者能力提升。

7. 开展东西部劳务协作

引导人力资源服务机构加强与甘肃省陇南市、定西市东西部劳务协作，探索形成常态化促就业帮扶协作机制。鼓励支持 Q 市人力资源服务机构与甘肃省陇南市、定西市人力资源服务机构开展交流合作，建立市场化劳务输转渠道。组织人力资源服务机构赴甘肃省陇南市、定西市定期开展劳务协作专场招聘会，广泛吸纳两地脱贫人口劳动力，助就业促增收。

8. 提高劳务合作组织化水平

鼓励人力资源服务机构建立完善人力资源市场供需信息联通联动机

制，搭建供需对接交流平台，及时互通信息，畅通跨地区劳务协作渠道。支持有条件的人力资源服务机构发挥专业化、灵活性优势，积极组织开展跨地区劳务对接活动，建立劳务合作基地，促进劳动力转移就业、人力资源有序流动。

9. 开展供求信息监测服务

指导鼓励人力资源市场和人力资源服务机构依托招聘信息和数据库，采取定点调查、抽样调查、线上调研、数据对比等方式，开展人力资源市场预测分析、编制需求目录等，及时掌握重点行业的人力资源市场供求状况，为研判就业形势、完善就业政策，提供参考依据。

10. 开展人力资源服务产业园促就业综合服务

积极发挥园区产业集聚、服务齐全、功能完备的优势，组织园区内外人力资源服务机构协同开展各类促就业活动，精准对接供需，提供优质服务。支持Q市国际人力资源服务产业园举办Q市重点企业与人力资源服务机构供需对接洽谈会，开展"相聚云端、共谋发展"线上推介会，协同入驻园区企业开展人力资源创新主题论坛，协调园区人力资源服务机构开展劳务协作，为困难群体提供岗位、培训等就业帮扶。鼓励XHA新区人力资源服务产业园搭建集企业线上一站式入驻、就业服务、供需接发包于一体的智慧互联平台，组织开展各类主题专场招聘会，为供需双方提供洽谈平台，引进专业机构打造"招培就"一体化应用实训基地，开展人力资源综合服务。

（二）方案成效

Q市人力资源服务业基础设施日益完善，服务能力显著增强。人力资源服务业为用人单位和求职者提供了专业化的中介服务、供求交流的场所和更多的职业选择机会，大大提高了劳动者与岗位匹配的效率，有效解决了劳动者与用人单位之间信息不对称的问题，对缓解企业"招工难"与劳动者"就业难"问题，起到了重要作用。

统计至2021年11月底，城镇新增就业36.61万人，政策性扶持创业

5.44万人，城镇登记失业率2.85%。全市就业形势保持总体稳定，2 544家用人单位提供就业岗位8.7万个。搭建青年实习实训公共服务平台，组织青年就业见习实习1.75万人，发放就业见习补贴203.72万元。开展农民工招聘大集等活动，举办专场招聘847场，发布岗位41万个。对失业人员、就业困难人员等进行分级分类精准帮扶，帮扶困难群体就业5.05万人，"零就业"家庭保持动态清零。

三、Q市推动人力资源服务业国际化发展的方案

Q市依托区域、国际化及产业三大优势，结合Q市推进"国际化+"发展计划及建设国际大都市定位，深入推进企业、市场、产业、园区、城市"五个国际化"战略布局要求。在人力资本服务领域培育新增长点、形成新动能，在国际人才培养和流动、人力资源服务交流与合作等领域开展信息对接、高峰研讨、服务协同创新及人力资源对外贸易等活动，促进Q市乃至华东地区建立协同发展的产业体系，向世界展现出中国坚持互利共赢、拓展发展新空间的开放之姿。

（一）方案内容

1. 推进企业国际化，激发城市发展核心活力

培育符合战略性新兴产业及13条产业链发展方向的人力资源机构，实施产值倍增计划，加快做大人力资源服务贸易规模。支持开展自主品牌建设，争创国际化服务贸易品牌。建设人力资源服务贸易企业库，对成长态势良好的人力资源服务企业给予奖励支持。

2. 推进市场国际化，拓展城市对外开放平台

发挥人力资源机构引才引智作用，支持猎聘延揽人才。对通过委托具有合法资质的人力资源机构在全球招引产业高端人才的企业给予补贴。鼓励人力资源机构服务于对外贸易，举办具有行业影响力的人力资源发展论坛、项目路演、展示推介、交易洽谈、供需对接等活动，每年评选影响力大、

第五章　人力资源服务业发展中的政府作用

效果明显的活动给予奖励。

3. 推进产业国际化，着力塑造城市动能转换优势

落实国家关于推动人力资源产业"互联网+"及Q市打造世界工业互联网之都的发展战略要求，在未来人力资源服务贸易发展进程中，推动新一代信息技术同传统人力资源产业深度融合。鼓励人力资源机构与互联网企业开展技术合作，支持互联网企业跨界兼营人力资源服务业务，开办人力资源服务许可。

4. 推进园区国际化，引领城市更高质量发展

全力打造人力资源对外贸易集聚平台，在"两区"（QL省自贸试验区Q市片区、上海合作组织地方经贸合作示范区）以及"国际客厅"搭建面向"一带一路"多边合作集中展示互动平台，开展精准招商。在布局推动现代服务业集聚区建设中，鼓励有条件的区市按照因地制宜、合理布局、优势互补的原则建立人力资源产业园，给予培育扶持奖励。

5. 推进城市国际化，建设现代化国际大都市

鼓励、支持本土人力资源机构"走出去"发展，通过跨国设立分支机构等方式扩大业务范围。在开展人力资源对外贸易中，开展城市形象对外传播活动，全方位展示"开放、现代、活力、时尚"新Q市，不断扩大城市海外知名度。

（二）方案成效

截至2021年年底，Q市在境外设立人力资源分支机构（联络站）203个，服务人数超9 000万人次，服务用人单位2 000余家次；在法兰克福、伦敦、东京及香港、澳门等城市建立招才引智工作站、国际人才智力联络站等38家，连续10次入选"外籍人才眼中最具吸引力的中国十大城市"；2个省级人力资源服务产业园面向俄罗斯、印度、马来西亚、印度尼西亚等上合组织国家和"一带一路"沿线国家，开展涉外招聘、派遣、高级人才寻访、培训等人力资源服务的贸易总额达到10亿元左右。Q市广阔的国际交流合作舞台极大缩减了"引进来"和"走出去"的成本，提升了人力资源服务

优化配置的效率。

截至 2021 年，Q 市国际人力资源服务产业园累计实现营业收入 137 亿元，引进高端人才 800 多名，对引领 Q 市人力资源服务业发展，服务稳就业保就业和人才引育重点工作发挥了积极作用。目前 Q 市人力资源服务贸易业务逐步向新兴业态发展，重点支持以移动互联网为应用基础的人力资源服务贸易新业态的研发和发展，业务范围逐步向上合组织成员国、"一带一路"沿线国家延伸，覆盖日本、韩国、澳大利亚、新西兰等 RCEP15 个成员国。

四、人力资源服务业融合发展的"人力资源+"行动

当今时代，"人才是第一资源"的理念已然成为全社会的共识，党的十九大报告指出，"着力加快建设实体经济、科技创新、现代金融、人力资源协同发展的现代产业体系"，人力资源作为推动社会经济发展的第一资源，其重要性不言而喻。为此，Q 市做了诸多探索与研究，坚持以"有效市场、有为政府"双轮驱动，在乡村振兴、"一带一路"、东西部协作、就业创业等领域寻求"人力资源+"赋能生态发展的路径。

（一）行动内容

1. 实施"人力资源+乡村振兴"行动

Q 市在区（市）、街道（镇）、社区（村）三级人才配置的基础上，以产业领域和产业链条为区域单位，整合农业协会、人才机构、乡村合作社等组织，基本形成政府引导、市场主导、社会参与的人才市场化配置组织体系，指导和组织区域内的人力资源服务机构开展乡村人力资源的求职招聘、职业培训、创业服务、政策落实、权益维护等服务，累计服务乡村人才 9 000 余人。同时，围绕促进农村富余劳动力稳定就业，Q 市不断打造线上线下相结合的培训模式，组织开展"互联网+技能培训"，开启"乡村夜校"培训新模式，拓宽了就业增收渠道，帮助劳动者提升就业技能。此外，相关涉农合作社大力开展农村技能服务和土地流转工作，不断丰富

农民职业工种,形成了育、种、管、收的细分农民职业,让专业人做专业事,进一步建立了"轻资产、统资源、强配置"的乡村人力资源配置模式。

2. 实施"人力资源+一带一路"行动

Q市牢记习近平总书记做出的打造"一带一路"合作新平台的重要指示批示要求,鼓励本土人力资源机构围绕企业海外布局需求,"跟着产品走、跟着项目走、跟着基建走",打造了一批具有"Q市特色"的"项目陪跑""外输内引""全链定制""技术合作""专精配置"等服务新模式。在开展服务出口过程中,Q市国际人力资源服务产业园着力打造面向东北亚区域和"一带一路"沿线国家的人力资源服务贸易重要枢纽,贴近所服务国家、企业、项目的需求,不断推动服务精细化、精准化发展。当前Q市正以争创国家人力资源服务出口基地为目标,锚定构建引领Q市周边经济圈、辐射日韩、面向上合的总体格局,实现与更多国家人力资源服务政策沟通、贸易畅通、资金融通,持续推进人力资源服务对外开放。

3. 实施"人力资源+东西部协作"行动

Q市坚持"政府引导、市场运作、社会参与、互利共赢"原则,大力开展东西部协作,建立健全人力资源赋能东西部劳务协作发展的长效机制,进一步拓展"十百千万"劳务协作框架协议,推动开展深层次、宽领域、全方位的劳务协作,支持脱贫人口就业增收,有效助推巩固拓展脱贫攻坚成果同乡村振兴有效衔接。例如定西市一区六县分别在Q市及对口协作区市建立8个劳务工作站,委托Q市人力资源服务机构在Q市成功建立2个劳务工作站。

4. 实施"人力资源+就业创业"行动

Q市人力资源服务业充分利用行业特点,加大对就业创业扶持政策的宣传,紧扣企业和人才的实际需求,为来Q市就业创业人才提供政策咨询、岗位推介、创业指导等全链条服务。制定出台《Q市人力资源服务行业促就业行动实施方案》(Q市人社发〔2021〕13号),充分发挥人力资源服务机构职能优势、专业优势和资源优势,创新方式、精准施策,为促进稳就业保就业、维护经济发展和社会稳定大局、助推Q市创业城市建设,提供坚实有力的人力资源服务支撑。

（二）行动成效

通过整合网上引智对接平台、Q 市国际人才智力联络站、"百万校友资智回 Q 市"活动等渠道，拓宽了乡村振兴人才来源，加大了良种、农机等重点领域国内外人才智力引进的支持力度。Q 市农业领军人才培训班在 Q 市市级培训示范基地正式开班，持续加强农业农村科技人才的培养力度。开展了 2021 年 Q 市科技特派员专项行动计划，支持科技特派员领办创办协办农民合作社、专业技术协会和农业企业。

在 Q 市人力资源和社会保障局的倡议下，Q 市、QLYT 市、QLWF 市、QLWH 市、QLRZ 市、QLBZ 市、QLDY 市七市共同发起成立 Q 市周边暨蓝区人力资源服务产业（园区）发展联盟，Q 市国际人力资源服务产业园担任首届轮值理事长单位，进一步加强七市的交流合作，提升人力资源服务业对区域经济社会高质量发展的服务和促进效能，走上组团发展新征程。

Q 市的人力资源服务企业赴定西、陇南召开东西部协作现场招聘会 29 场，发布招聘岗位 64 338 个，截至目前，帮助陇南、定西农村劳动力来 Q 市就业 3 815 人。Q 市人力资源服务企业在开展人力资源服务出口过程中，贴近所服务国家、企业、项目的需求，不断推动服务精细化、精准化发展，逐步打造了一批具有"Q 市特色"的服务模式。

Q 市打造了产业链、资金链、人才链、技术链"四链合一"加优质高效政务服务环境的"4+1"创业发展生态，建设了 Q 市创业总部实体平台，创新试点"留学生科创岛"等创业服务模式。统计至 2021 年 11 月底，发放创业扶持资金 13.82 亿元，创业担保贷款规模达到 12.78 亿元，市级及以上创业孵化基地 21 家，Q 市每万人拥有市场主体数达到 1 919.7 户，创业密度居副省级城市第三位，Q 市在第三届全国创业就业服务展示交流活动大会上介绍了经验做法。

第六章　人力资源服务业发展的相关对策和建议

当前，我国人力资源服务行业多元化、多层次的服务体系已经基本形成，与此同时，我国人力资源服务产业也将面临结构性调整、行业转型和升级的问题。要想增强我国人力资源服务业在国际舞台上的竞争力，则需要相关企业、各产业园区和地方政府共同的努力。本章从人力资源服务企业竞争力提升、产业园区赋能和政府政策激励三个方面提出了当前我国人力资源服务业发展的对策和建议，并针对Q市人力资源服务业的特色定位，明确了其未来发展的思路和举措。

第一节　提升人力资源服务企业竞争力的对策

一、增强人力资源服务企业的创新能力

（一）发展高端服务产品，实施多元化创新

当前，人力资源外包、劳务派遣是我国人力资源服务企业的主要服务项目，而人力资源管理咨询、高级人才寻访（猎头）等产业附加值高的服

务项目较为薄弱。在新时代，未来新经济与高级人才寻访（猎头）、人力资源管理咨询等高端服务项目将进一步融合发展、共生发展、跨越发展，有利于增强人力资源服务企业市场竞争力。因此，人力资源服务企业应积极调整服务项目，多开展管理咨询、人才测评、高级人才寻访等高端服务项目，并且结合市场需求，在原有的服务项目基础上，对其进行二次开发以满足用人单位的人力资源服务需求，使得人力资源服务企业持续发展。除此之外，开发高端服务产品，也需要大量的资金投入。

人力资源服务企业应该加强对所开展的服务项目进行多元化的创新，可结合企业当下的发展现状及行业未来发展趋势，尽可能地满足用人单位用工需求，提高自身的服务质量以及品牌知名度。另外，人力资源服务企业可以向中高端服务产品进行突破创新，将人力资源规划、薪酬待遇、绩效管理、劳动关系等六大模块进行产业链延伸，并且适当提供一系列增值性服务提高企业服务质量和客户忠诚度，从而有利于促进竞争力的提升。在产品创新时，应该加大对求职者群体的服务创新，尽可能为该群体提供职业生涯一站式的服务产品，以上这些措施均有利于促进人力资源服务模式的多元化创新，增强企业核心竞争力，推进企业快速发展。

（二）开展服务业务创新，驱动企业成长

传统业务诸如人才中介服务、档案管理等，技术含量不高，业务模式单一，属于人力资源服务企业的常规业务，借助这些业务很难形成特色。新时代背景下，Q市人力资源服务企业要快速成长，必须借助技术变革，不断开展产品和业务创新，打造企业自身的优势业务，才能在行业内形成特色和品牌，抢占一席之地。一方面，在原有业务的基础上，通过技术创新提升业务水平，提高服务质量。例如，在招聘服务领域，通过提高工作分析和甄选工作的业务水平，提升现场招聘的质量和效率，通过合理运用互联网、大数据等新兴技术对就业者进行信息分析、优化招聘流程；在培训服务中，通过大数据和网络工具，精准捕捉员工的培训需求，运用合适的培训方法，实施定制化的培训项目，帮助企业实现员工开发的目标。另

第六章 人力资源服务业发展的相关对策和建议

一方面，积极开展新业务，如提供灵活用工服务、人才共享服务、企业定制化服务、人才竞拍、云端解决方案等。随着社会的发展，传统的人力资源服务业务模式可能会逐步与时代"脱钩"，所以应坚持以市场需求为导向，推动人力资源服务管理创新、技术创新、服务创新、产品创新，推动人力资源服务企业焕发活力、做强做优。

随着市场经济的不断成熟，我国自由职业者的人数也在快速增加着，他们可以从事的工作领域也更加广泛，并逐渐延伸到各行各业当中。因此，外包服务机构不仅要充分满足企业发展对人力资源的实际需求，还要满足这些逐渐增加的自由职业者的实际需求，进而充当好自身的连接纽带角色。随着社会的不断发展，共享机制逐渐成为一种较为成熟的新型商业模式，各类资源也不再只是被个人或者某一机构所独有，进而逐渐演变为被大众拥有。因此，人力资源被某一组织独有的现象已经不复存在，进而逐渐朝着多个组织共同拥有的趋势发展着。企业占据的人力资源在现代化经济市场中也并不再具备任何优势，反而逐渐演变为企业发展过程中的一种包袱。在此基础上，共享机制的出现有效推动了人力资源外包服务的进一步发展，并拓展了其实际的应用范围。在数字经济的背景下，人力资源逐渐变为一种不需要依附于企业的存在，进而将人力资源与大数据平台以及新型的互联网技术进行融合，从而有效提升了人力资源外包服务的优质性以及高效性。以共享大数据平台推动服务外包要发挥人力资源服务的杠杆效应和叠加优势，关键在于"共享经济"。要创新人力资源服务机制，运用共享经济的理念，推动人力资源服务机构与政府相关部委开展数据对接共享，并与高校院所、行业协会、重点企业等合作采集专利、论文、技术交易等数据，为人力资源供需双方搭建以共享信息为核心的共享大数据平台，打造基于数据挖掘和分析的新型人力资源外包服务，实现"互联网+"时代的业务转型升级。

二、提升人力资源服务企业数字化能力

（一）强化数据治理能力，提升服务质量和效率

当前，Q市以及我国大多数地区的人力资源服务企业服务项目主要集中于产业链的低端产品，比如劳务派遣、人力资源服务外包，而中高端服务产品比较缺乏，由于低端产品可复制性和可替代性比较强，因此，应加强大数据应用能力，挖掘和分析所需的资源和信息，实现服务产品创新、管理创新和流程创新，打造人力资源服务产品的核心竞争力和不可替代性。同时，随着人工智能技术和大数据的不断发展和完善，其在人力资源服务企业服务项目中的应用也逐渐深化。人力资源服务企业可以借鉴如下做法：第一，通过大数据辅助HR进行精准匹配，运用机器学习和数据挖掘，能够更加贴近HR的思维模式，从而精准匹配求职者信息；第二，未来基于人工智能的招聘流程自动化将会成为在线招聘服务项目的一个重要趋势，其能够极大地提高招聘效率，帮助人力资源服务企业节省更多的时间和成本，提高匹配成功率，不仅有利于提升人力资源服务企业组织绩效，还有利于增强企业核心竞争力。综上所述，人力资源服务企业应加强大数据应用能力进行资源整合，推动企业技术创新，提升服务质量和效率，增强企业竞争力。

（二）打造数字引擎，提供定制化服务

实施"互联网+人力资源服务"行动，创新应用大数据、人工智能、区块链等新兴信息技术，推动招聘、培训、人力资源服务外包、劳务派遣等业态提质增效。信息技术、数字技术的运用对企业发展的影响已毋庸置疑，已成为企业竞争力的核心要素。对人力资源服务业而言，可以通过云计算与大数据等高科技手段，为企业提供快速搭建人才库、智能化简历搜索、候选人匹配等人力资源管理平台，提供人力资源数据化、信息化、自动化的云计算服务，并利用技术为人才整个职业生命周期及企业不同发展

阶段提供全覆盖的人力资源闭环服务。

新时代背景下，个性化的人力资源服务需求不断增加。劳动者需要更精准的就业服务和职业发展服务，用人单位需要量身定制的人才服务、个性化的培训服务和管理咨询服务等。在这样的市场环境下，人力资源服务企业需要积极转变思维模式，从传统的被动接受服务购买，转向主动挖掘客户需求，争取订单，实现服务交付。针对劳动者开展的服务，可以通过数据挖掘、信息共享、主动对接等形式，开发潜在客户，主动向劳动者推广服务项目，根据个人的服务需求，设计不同的解决方案，实现个性化服务。针对用人单位开展的服务，可以通过大数据平台、资源共享、主动对接等形式挖掘客户需求，根据需求提供定制服务。通过定制化服务模式，把人力资源服务企业服务重心转向产品和业务，强化企业的"满足需求"导向。

三、提升人力资源服务企业员工的学习能力

（一）提升员工技能，培养专业型队伍

人力资源具有独特的学习性和高附加值的特点，已成为企业的第一资源与核心竞争力。人力资源服务企业应建设优质的专业人才队伍，提高竞争力，形成核心竞争优势。首先，企业在招募人才时，应选择具有专业背景的或从事过相关工作的优秀人才。其次，企业应该有效提升员工的专业技能，组织各类培训，支持并认可员工积极的创新想法，激发新思想和新技术。最后，当员工的专业知识积累到一定程度、服务经验水平达到一定高度时，就会自然而然产生创新行为。因此，人力资源服务企业在人才培训与开发、人才评估与激励、人才晋升与职业生涯规划等人才管理流程中，应多加强培养专业技术人员的创新意识和创新能力，开发员工的综合技能，培养专业化、标准化、高精尖的人才队伍。

（二）培养组织学习能力，构建学习型组织

组织学习是企业将核心能力转化为组织绩效的关键路径，人力资源服

务企业人才建设、组织创新能力的培育都必须注重营造良好的组织学习氛围,可以鼓励员工及时对组织的服务项目(在线招聘、人力资源服务外包等)开展情况进行讨论,发现企业发展的不足,加强企业内部的知识积累,并且组织员工学习资源整合所需的信息技术,从而有利于提高组织整体的学习能力,促进企业持续发展。根据第三章的现状分析显示,企业对信息化投入不断加强,从业人员可以利用大数据能力,实现招聘信息、求职信息或者其他知识的快速收集与吸取,增强人力资源服务企业组织学习能力,促进人力资源服务业从业人员将不断学习新知识视为一种常态。

四、提升人力资源服务企业的国际化水平

（一）提升人力资源服务质量与国际竞争力

人力资源服务企业应积极提升服务质量与水平,以适应和融入国际竞争格局。把握新兴产业发展需要,助力专业化、职业化人才培养,促进行业技术、产品研发及成果转化,打造能支撑未来产业发展的服务产品。人才培养方面,人力资源服务企业应充分利用"引进来"和"走出去"相结合的国家通道,大力引进高层次、创新型、国际化人才,重点培养专业化、技术型人才,发挥人才的积极作用,激励骨干人才在使用中成长,从而形成核心竞争优势。技术研发方面,对标国际一流服务企业,加大人力资源服务信息系统的研发投入,打造稳定、完善的科技系统,与5G、云计算、大数据、人工智能等工具和方法相结合,有效提升人力资源服务的质量。

（二）推动人力资源服务创新与国际化发展

面对激烈的国际竞争,人力资源服务企业应转变思路,转换经营模式,努力运用新的服务手段,开发新的服务产品,拓展新的服务业态,通过创新寻求新的增长点。探索筑巢引凤、柔性引进、灵活用工等新型人力资源服务模式,布局和开发数字化平台,实现人力资源服务企业数字化转型,在创新中谋划未来。推动行业创新实践,打造线上服务闭环,探索适合不

同行业的解决方案，加快线上职业技能培训服务形式的转变，为企业和员工提供更多选择。此外，人力资源服务业需强化品牌意识，加大资本投入和品牌培育投入，企业需要加快新产品、新业态和新技术的引进、开发及创新，提升自主创新能力，打造具有中国特色的、符合中国企业实际情况的、具有核心竞争力的人力资源服务品牌。

第二节　促进人力资源服务产业园区发展的对策

一、优化园区服务环境，提升信息化水平

（一）完善载体建设

进一步扩大产业园载体规模，在区域内整合拓展新的物理载体，探索"一园多区"发展模式，打造专业化、特色化园区。一是协同社会多方力量，做好园区建设工作。充分发挥行业协会、商会等社会组织的协同作用，调动社会力量参与园区建设。二是完善人力资源服务机构准入和退出机制，逐步清理园区内一批发展不快、定位不准的存量企业，将更多空间留给实力雄厚、辐射力强、具有市场竞争力的优质企业。三是强化生活配套，提供优质的管家服务，整合周边购物、餐饮、医疗、教育等配套服务。推动特色街区与智慧园区建设融合发展，不断优化园区物理空间，构建和谐、开放、自由的园区环境，提升园区服务水平，打造优质营商环境。

（二）整合信息资源

整合现有软件、信息资源，搭建人力资源服务平台，实现人力资源服务一体化系统平台"两服务""双管理"功能，完善并改进"求职服务""用工服务""职业技能培训管理""人力资源服务业管理"四大核心功能，既能为用人单位、求职者、培训机构提供便利服务，提升人力资源公共服

务水平，又有利于政府规范人力资源市场管理，更全面地了解地区人力资源存量和发展趋势，帮助政府更加准确地掌握就业数据、更为合理地规划产业发展，制定精准的人才发展政策。

（三）推进数字化建设

首先，加快完善智慧产业园建设，将信息流和业务流在信息平台上有效整合，利用信息化优势打破产业园区物理空间的制约，拓展网上人力资源服务产业园，提升产业服务和辐射带动的能力，构建国家级产业园良好的软环境。其次，搭建人力资源大数据服务体系，贯通人力资源市场建设、劳动力资源采集调查服务、就业运营服务、就业大数据平台建设、人力资源产业园运营的整个服务链条，形成符合用户特性、完整的服务解决方案。最后，推动数字化场景应用，依托信息化平台，大力开展"掌上求职""网上招聘""视频面试""远程签约"等快捷人力资源服务。通过网络平台，强化部门间信息共享，落实减证便民行动，精简证明材料，优化公共人力资源服务流程。

二、优化政策支撑体系，创新管理运营模式

（一）完善扶持政策

首先，国家层面应加强顶层设计，制定支持引导性优惠政策，明确产业园的建设认定标准，完善产业园统计制度，建立考核评估和奖惩机制，推动形成人力资源服务产业园整体发展的战略布局。其次，各地应对园区的必要性和可行性开展深入调查研究，围绕地区经济社会发展战略、结合行业发展实际特点，研究制定人力资源服务产业园区新一轮发展规划。省、市、区等多个层面出台加快产业园发展的专项政策，协调解决产业园发展遇到的重点难点问题。再次，应在延续现有的房租减免、税收奖励、引才奖励等优惠政策的基础上，加快制定完善新一轮的产业园优惠政策，在人才引进培养、产品创新研发、品牌培养、人才队伍建设、信息化建设、行

业基础理论研究等方面加大扶持力度。最后，在做优政策的同时，做强园区软环境。及时兑现引才、租金、税收、人才等各项优惠政策。积极鼓励政府和公共部门向园区企业购买人力资源服务，率先在人员培训、人才测评等方面展开试点。设立人力资源服务产业发展专项资金和引导资金，统筹地方各类财政支持和扶持资金，加大财政支持力度，为企业发展提供良好的政策环境，赋能园区转型升级。

（二）明确园区服务职能

在人力资源服务产业园的管理中应该树立科学的指导观念，坚持用正确的指导思想引导实际的管理过程。在管理中能够从宏观的视角来分析人力资源服务产业园的各项影响因素，特别是对关键性因素的把控要落实到位，及时处理各项管理问题，优化各项人力资源服务。在人力资源服务产业园的战略上应该首先界定人力资源服务业发展的战略定位，同时要能够积极引导人力资源服务发展，把握人力资源服务发展的重点，在产业园的发展中要能够将战略指导与市场作用两者有效地结合起来，正确发挥出市场的作用。除此之外，在对人力资源服务产业园的管理过程中应该建立各项标准化的评价体系，园区的管理有一套考核的方案，在问题处理到位的情况下可以按照标准来统一化园区的管理。根据宏观的指导战略制定园区的具体化的管理细则，同时对细则化的管理提供相应的评价标准。

（三）创新园区管理模式

坚持"政府到位而不越位"，理顺园区行政职能与企业运作关系，充分调动社会各方资源，发挥好市场主体的作用，积极探索人力资源服务产业园"管办分离"的运营模式。首先，政府更多的是起到引导和推动的作用，主要负责研究讨论园区发展中的各类重大事项，落实上级部署，拟定园区扶持政策，提供公共服务，负责产业园运营主体的绩效考核，促进园区高效运转。其次，逐步把经营性业务交由专业团队负责实施，运用市场化机制选聘职业经理人团队，负责产业园平台活动承办、品牌宣传推广、招商稳商、园区运营维护及拟定管理制度、后勤物业等工作。最后，进一步加强工作创新，创新谋划工作思路、机制和方式，发挥行业协会、商会、社团、媒体等的作用，着力构建人力资源协同发展生态圈。

三、引导企业顺应产业发展需求，提供优质服务

（一）推进人力资源服务企业与地方产业相融合

人力资源是推动经济社会发展的第一资源，人力资源服务业是生产性服务业和现代服务业的重要组成部分。产业园区要推动人力资源服务业转型创新，要持续推进人力资源服务与实体经济融合发展，鼓励人力资源服务机构围绕平台经济、共享经济等新经济、新业态培育新增长点；要加大人力资源培训项目开发，开展职业技能等综合性培训；要推动人力资源服务与科技创新融合发展，深入实施"互联网+人力资源服务"行动，广泛应用人工智能、区块链、云计算、大数据等新技术。

（二）引导人力资源服务企业向产业链高端延伸

积极扶持产业园内人力资源服务企业做大做强，打造多元化、多层次、专业化的人力资源服务产业链。一是引入人力资源服务产业链中的优质企业，着力引进一批高端人力资源服务机构、国内外知名人力资源服务企业总部或地区总部，发挥龙头企业示范带动效应。二是加快培育本土骨干企业，通过科学规划、政策引导、融资扶持、优质服务，支持产业园内重点骨干企业朝着规模化、规范化方向发展。三是在园区内建立创业创新孵化基地或孵化苗圃，发展培育小微型人力资源服务企业，促进创业，带动就业。四是加大对园区内人力资源服务和产品研发创新的支持，引导企业细化专业分工，不断向价值链高端延伸。加强人力资源服务企业与其他产业的合作联动，促进产业链的互补发展和产业间的协同发展。

（三）赋能人力资源服务企业提供专业优质服务

产业园应有效整合和配置各种资源，通过精细化管理服务，促进园区企业健康平稳发展，同时也促进园区快速、健康、持续发展。一是将省、市、区级人社及政务服务引入产业园，为入驻企业开辟绿色服务通道，建成满足企业各类社会化服务需求的"一站式"公共服务平台。大力推进社会保障、公共就业、大学生实习、档案托管、人事代理、人事考试等公共事业在园区集聚，实现产业与事业之间的联动互融、无缝对接，进而带动园区人力资源服务产业与人社公共事业的深入发展。二是引进专业化的第三方服务机构，为入驻企业提供人力资源、管理顾问、法律咨询、财务咨询、项目策划、技术转让、产权交易等专业特色服务和增值服务，帮助企业快速成长的同时，获得经营性收益，支持产业园的良性运转。采取多元化的投融资方式，引入社会化资本，与银行、证券、保险等金融业合作，不断扩大资金规模，进一步扩大融资渠道。三是做好产业园运营服务工作，主动为人力资源服务产业园入驻企业培育商机，并为入园企业提供行业梳理、资源整合、品牌建设、产业链深化完善等方面的全方位服务。

四、提升园区影响力，推动人力资源服务国际化

（一）培育园区品牌

为提升人力资源服务产业园的知名度和美誉度，各地应加强宣传推广和对外交流，提升园区的品牌形象。一是通过举办具有海内外影响力的人力资源峰会、博览会、行业展会、创新大赛、论坛研讨、培训班等活动，进一步扩大园区在行业中的影响力和知名度。二是有关行业主管部门定期组织各国家级产业园之间的参访学习，加强行业内的互通有无，通过各产业园间的观摩学习、研讨交流、推优示范等多种方式，促进国家级产业园的健康发展与整体水平的提升。三是充分发挥各地人力资源服务协会、促进会等相关平台的桥梁作用，树立行业标杆和服务典范，率先组织培育一

批具有国际竞争力的中国人力资源服务品牌和具有地方特色的区域人力资源服务品牌，充分发挥品牌企业在引领人力资源服务产业园转型发展中的积极作用。

以Q市为例，2021年Q市园区成功举办"首届中国（Q市）RCEP人力资源服务产业发展峰会"，其规模、组织均得到了人力资源行业内的好评，下一步产业园将以"RCEP"作为活动品牌输出，不断放大品牌效应，通过大型峰会、中型论坛活动、小型公益活动，持续性地进行品牌传播，逐渐在国内形成独特的品牌影响，为Q市打造人力资源服务的城市名片。

（二）拓展国际化服务

以Q市为例，一是搭建国际化人力资源服务网络。实施引育计划，大力支持金前程、中青国合等本土人力资源服务机构"走出去"，重点在上合组织国家、"一带一路"沿线国家、RCEP缔约国家设立人力资源服务分支机构，努力培育一批开展国际化人力资源服务的本土品牌。同时，以引进全球、全国人力资源服务企业100强为重点，加快建立业态多元、覆盖广泛、特色突出的国际化人力资源服务网络。二是搭建国际化人力资源服务交流合作平台。在"一带一路"国际合作高峰论坛框架下，积极争取国家有关方面支持，举办人力资源服务业国际交流合作论坛，为"一带一路"沿线国家间智力、技术、资本要素流动开拓新渠道。依托SH经贸学院，加强与上合组织国家在人才培养方面的交流合作。依托日本、韩国、德国、以色列、上合组织国家"国际客厅"，适时举办中国（QL省）国际人力资源服务行业洽谈会，加强与各国人力资源服务行业组织的交流合作。

（三）加强对外交流合作

深化完善人力资源服务领域的合作机制，科学制定人力资源服务产业园发展规划，聚力推动园区配套建设，加大对国际知名品牌企业的招商力度，进一步放宽外资入园条件，提升产业园的国际化、开放化程度。支持园区内人力资源服务机构开展跨境业务，培育和发展人力资源服务贸易，加快人力资源服务业由"对内服务"迈向"全球服务",培育具有全球影响力的人力资源服务品牌,提升人力资源品牌价值,展示中国人力资源品牌形象。鼓励本土人力资源服务机构参与国际合作,通过公平竞争提升整体水平,更好实现互利共赢。提升与国外人力资源服务供应商的合资合作水平,集聚更高能级的国际人力资源服务机构,引进国际先进的人力资源服务理念、项目、技术、标准和管理模式,带动我国人力资源服务业整体水平的提高。深化与"一带一路"沿线国家的人力资源服务合作,通过新设、并购或合作等方式进行全球战略布局,拓展海外服务网络,参与国际竞争与合作。

第三节　完善人力资源服务业发展政府政策激励的建议

一、产业集聚与园区管理方面的政策

(一)产业集聚发展政策

1.鼓励人力资源服务企业扩大经营规模

一方面,鼓励现有人力资源服务企业之间通过兼并、重组等方式进行企业扩张和纵深发展,同等规模企业可以实行强强联合,促进优势互补,实现服务和管理专业化的突破性飞跃,大企业则可以通过收购、兼并等途径扩充竞争实力,激发市场竞争活力;另一方面,鼓励有能力的人力资源服务企业跨区域经营,建立覆盖省域甚至跨省的人力资源数据库,发展跨区域业务,扩大服务受众人群范围。地方政府应支持人力资源服务企业按照优势互补与自愿结合原则通过兼并、收购、重组、联盟等方式,集中产业内资本、技术、人才等资源打造具有国际竞争力的集团化、品牌化运作组织,因此,鼓励并支持建立一批实力雄厚、影响力大且具有较强辐射力的人力资源服务龙头企业。

2. 鼓励人力资源服务企业提高专业化水平

很多地方的人力资源服务企业发展竞争力不强的重要原因是缺乏专业化的服务和自身管理制度的制定，对于人力资源服务企业而言，高品质的专业服务是其生存和发展的决定性要素。人力资源服务的核心是专业化人才队伍的培养，因此，应鼓励企业培养国际化专业人才，树立国际化标杆学习方法，学习并引进先进的人力资源服务方式，从而更加有效地满足客户需求。另外，人力资源服务企业自身也是需要规范管理的组织，为了更好地服务于企业的业务开展，人力资源服务企业应采用灵活高效的现代企业管理制度，地方政府可以通过举办各种行业培训活动、专题讲座、专家讲学等方式为集聚区内企业提供专业化学习的机会。

3. 推动产业集聚实现园区高质量发展

政府可根据行业发展特点，出台相关优惠政策，支持和鼓励人力资源服务业的上下游产业发展和转型升级，丰富延长人力资源服务产业园发展产业链，以推动高质量发展为主题，构建新的绿色发展格局，全面推进产业基础高级化、产业链现代化，要实现工业化和信息化更广泛、更深程度、更高水平的融合发展，深化供给侧结构性改革，充分发挥我国超大规模市场优势和内需潜力，构建国内国际双循环相互促进的新发展格局。政府应以市场需求为导向，推动产业链的延长和高端化发展，积极支持人力资源服务机构转型升级，不断提高专业化水平和精细化程度，挖掘人力资源服务产业园核心竞争力。创新以人力资源服务产业为主的多产业集聚发展模式，积极吸引人力资源服务业的上下游产业入驻。政务服务类、信息咨询类、技术支持类等上下游产业的入驻将极大地激发人力资源服务产业园的活力，进一步推进人力资源服务产业园的发展和升级，降低人力资源服务企业时间成本和金钱成本，对于有效整合各类资源、孵化产业壮大都能起到积极的推动作用，既是体制机制的创新和产业集聚的创新，又是各项资源的有效利用。

（二）园区管理政策

1. 建立健全多元投入体制机制

政府要科学研究建立健全切实可行、行之有效的多元投融资体制机制，有序扩大人力资源服务产业园多元化投入规模，支持和鼓励有能力的组织或个人对人力资源服务产业园科学投资。着力解决和缓解人力资源服务产业园融资难问题，加大对人力资源服务机构的信贷投放，扩大信用贷、首贷和中长期贷款的覆盖面，降低融资成本。加大对社会资本的投融资支持力度，通过政策保障，广泛引入具有实力和品牌的社会资本，探索"政府＋社会"的新渠道、新方式，完善激励约束机制，优化人力资源服务产业园发展的政策环境，搭建专业的投融资服务平台，促进资本和项目高效对接。深入推进简政放权、放管结合、优化服务，进一步转变政府的投资管理职能，创新思路、创新机制，激发民间投资活力。同时，深入清理企业投资项目前置审批条件，完善在线平台审批、监管、服务的功能，进一步明确社会资本出入模式，通过政策工具的运用，为扩大社会资本投融资提供具体化、便利化保障，促进社会投资在人力资源服务业健康发展。通过建立健全更加科学的多元化金融政策体制机制，加强对投融资主体的服务与监管，建立科学有效的考核评价机制，不断创新投融资管理手段，广泛支持和鼓励各类社会资本的投入，积极引导社会资本参与人力资源服务产业园建设，为人力资源服务产业园营造一个宽松有序的外部投融资环境，不断改善人力资源服务业投融资大环境；加快招商引资、招才引智的舆论环境建设，发挥好新闻媒体的作用，加大对改善投资环境的宣传教育力度，广泛深入地报道改善投资环境的典型事例。

2. 战略规划园区载体资源

虽然目前人力资源服务产业园的建设在全国如火如荼，但是各地在发展时务必根据当地经济社会发展和人才事业发展的需要周密谋划。规模较小城市如果在中心城市推进建设就要认真斟酌和谨慎定位，在产业集聚的空间选择上优先考虑客户的地理分布，立足于当地的行业需求特点来谋划和定位园区的发展重点。各地建立人力资源服务业产业园应与国家和地方发展战略相适应，把握人才强国、"一带一路"等建设机遇，依据地区既有的优质资源，发挥自身优势，突显本园区的特色，着力引进和发展与区域重点产业和新兴产业关联度高、市场需求量大的人力资源服务机构、产品和技术。依托产业园的建设，转变当地经济发展方式，带动当地经济向中高端服务业的转型升级，实现人力资源服务业产业园建立、做大、做强。

3. 动态调整园区管理模式

人力资源服务产业园的发展与经济社会发展特点和人力资源服务业发展阶段有着十分密切的联系，国家首先要全面把握人力资源服务业产业园的建设数量、全国布局以及发展速度，制定促进人力资源服务产业园发展的指导意见，为各地人力资源服务产业园发展提供宏观指导。管理模式是园区发展过程中的基础保障，一定要准确把握园区的发展趋势，根据发展的深入和实际情况的变化对园区管理体制机制要适时调整完善，便于园区服务工作的有效开展。以上海产业园为例，在园区发展过程中，联席会议作为决策层始终保持着稳定性，但是作为执行层，实践中已经从部门抽调人员组成园区服务中心，向成立专门职能部门进行了转变，牢牢抓住静安区人社局内设了产业发展科这一先发优势，调整执行层机构，确保管理模式理论与实践的统一，进而促进发展。

二、产业扶持政策

（一）设立产业专项扶持基金

设立人力资源专项扶持资金打造产业生态圈，加强对人力资源服务行业产业化发展的资金扶持，促进人力资源服务企业的成长成熟，这对产业园的发展乃至整个人力资源产业的发展都是很有必要的。以上海产业园为例，目前形成了包括人力资源服务外包和派遣、人才培训测评和高级人才推荐与咨询等产品供应链，可以满足不同层次客户对象的服务产品需求，确保了产业园区企业的核心竞争力。但是，产业园区在产业链的建设发展上还存在一些需要加强的重点环节，譬如产业园区中虽有从事人才培训的企业，但培训形式、内容较为单一，缺乏权威性、系统性更强的培训平台，因此需引进更高质量的培训机构，强化培训产品服务，不断丰富园区产业链的功能；再如，随着信息化程度的不断提高，大量企业需要功能各异的人力资源管理信息系统，园区就需要对这类企业重点关注，培育或者引进。因此，需完善产业链的"人力资源软件销售"产品服务，避免造成人力资源产品链上的"断环"。这单靠目前的政府扶持是很难完成的，如果设立产业基金，对相关项目给予资金支持，并做到专款专用，则对这些方面的完善会有很大帮助作用。

（二）推动"人力资源+"产业联动

融合人力资源服务业有产业链很长的特殊性，可满足对人的管理发展和价值实现等各个环节，涉及招聘管理和培训测评甚至社会保险经办等多项服务，与其他产业相互渗透融合，将会对经济发展产生加倍增长效应。围绕人力资源服务产业各种业态，注重引进法律金融等专业服务和互联网科技服务等各类行业上下游相关服务产业链和创新链，在园区形成产业链协同配套、互为补充的健康发展格局。针对产业园区的实际情况，进一步促进园区内企业拓展业务内容、扩大投资规模，或将其在其他地区的业务品种向产业园区延伸，尤其是要重点引进产业园区内现有产业链条中相对薄弱的环节，特别是要发挥"互联网+"在人力资源服务产业园发展中的作用，延伸产业链的上游研发和产品开发等人力资源机构以及下游人力资源业务销售、电子人力资源管理（E-HR）等机构，推动人力资源产业链的不断完善。

（三）实施积极的财政政策

第一，扩大财政补贴范围。财政补贴也是一种直接援助方式。政府应扩大该类补贴的范围，主要集中在培训补贴、研发补贴和活动补贴。培训补贴旨在帮助企业的管理人员、技术人员、研发人员等提高个人专业技能，从而提升从业人才的综合素质。研发补贴旨在鼓励企业加强人力资源服务领域的新技术、新应用的研究，提高企业的核心竞争力。活动补贴主要鼓励对人力资源服务企业、行业协会等社会组织通过举办专业论坛、学术会议、推介会、博览会、创新创业大赛等公益活动，积极宣传推介人力资源服务品牌、人力资源服务创新项目，从而享受相关费用补贴。第二，丰富财政补贴形式。首先，实施财政贴息政策。人力资源服务企业普遍存在资金短缺现象。政府应加大财政贴息额度，鼓励商业银行、融资机构为具有发展潜力的人力资源服务企业提供低息贷款、信用贷款等。其次，发放适度的亏损补贴。初创企业在成立初期多处于亏损状态，政府可适度发放补贴，缓解企业的生存压力，提高初创企业孵化的存活率。

（四）实施优惠的税收政策

政府应出台相应的税收政策，减轻企业税收负担。具体措施有：降低税率、提高企业税收起征点、免税、延期纳税、税收抵免、投资抵免、先征后返等。这些税收政策的方式、手段和内容，对企业和政府都能产生积极作用。从企业层面看，有利于缓解企业的资金压力，让企业有更多可支配资金投入产品研发和科技创新，增强企业自身的竞争力，也能为企业生存和发展保驾护航。从政府层面看，在帮助企业渡过资金难关、确保企业稳定性的同时，也是一项涵养税源的重要举措。

（五）拓展企业融资渠道

首先，政府要强化信用担保体系建设。政府作为第三方担保形式，根据人力资源服务企业的信贷担保计划，对符合条件的申请者，提供一定比例的担保，弥补大部分企业财产担保不足的缺陷，改善贷款环境。其次，政府健全专门的知识产业权质押融资的相关法律法规，鼓励银行、担保机构与人力资源服务机构形成合作机制，把人力资源服务机构拥有的专利、版权、商标等无形资产转化为有形的资本，解决企业融资难的问题。同时，政府要出台一系列的知识产权评估指标体系，规范知识产权交易的市场行为。最后，政府应引导企业、个人、社会团体通过组建专门为人力资源服务产业早期投资的基金机构，为人力资源服务企业解决融资问题。

三、公共服务政策

（一）建立公共服务支撑体系

由于大多数人力资源服务企业属于中小企业，相比其他大企业，自身存在诸多劣势，特别是在拓展新市场、获取行业最新信息、了解和学习核心技术等方面。而这些又恰恰是企业赖以生存的必要条件。因此，政府应当为人力资源服务企业提供以下公共服务支持。第一，提供信息服务。建立信息咨询服务体系，帮助企业快速获取各方信息，推动行业及企业信息资源共享。主要通过移动网络，为企业提供信息化技术咨询、新产品开发和技术人才培训等专业知识服务平台。该平台应集成各行业专家、上下游企业等相关服务和资源，形成信息共享与服务互动。平台还应提供企业、行业专家及高校老师等在线交流业务，实行多方协作。第二，提供市场拓展服务。政府应积极主办各种人力资源服务的专场推广活动，一方面提高人力资源企业的知名度，另一方面帮助企业寻找商机，切实做到政府搭建平台，企业当主角。同时，政府应鼓励企业积极参与国际合作，特别是向发达国家的知名人力资源服务企业合作，学习先进的技术和管理经验。第三，鼓励行业协会和专业中介机构的发展。人力资源行业协会为企业之间的交流搭建了平台。活跃的行业协会不仅能维护企业的利益，还能打通同类企业间的联系，制定重要的行业标准与信息，将企业凝聚成一个整体。专业中介机构主要为人力资源服务企业提供各种技术、信息、咨询、法律等服务。这两种组织能够帮助人力资源服务企业顺利度过艰难的生存期。政府必须充分肯定它们的地位，在资金、税收方面给予一定的支持，制定规范程序，让人力资源服务企业与它们进行合作共赢。

（二）建设园区数字平台体系

全力打造功能先进、设施完备、内容丰富、高效安全的网上公共人力资源服务平台，重点建设网上求职、就业援助、用工信息发布等板块，探索新媒体技术在网上公共就业服务领域的综合应用。依托信息化平台，大力开展"掌上求职""网上招聘""视频面试""远程签约"等快捷人力资源服务。通过网络平台，强化部门间信息共享，落实减证便民行动，精简证明材料，优化公共人力资源服务流程。

鼓励人力资源服务产业园区搭建人力资源大数据服务体系，贯通人力资源市场建设、劳动力资源采集调查服务、就业运营服务、就业大数据平台建设、人力资源产业园运营的整个服务链条，形成符合用户特性、完整的服务解决方案。

鼓励人力资源服务企业建立大数据系统，跟踪员工本人对就业单位及岗位的满意度、专业相关度、人职匹配度、职业发展平台等方面，进行评价反馈，科学全面掌握员工的就业状况。同时对单位履约情况、薪酬福利兑现情况等信息进行收集分析。建立企业黑名单制度，将个别实施超强度用工或薪酬待遇变相缩水、履约不到位等侵犯工人合法权益行为的用人单位纳入黑名单。

（三）构建人力资源服务产业创新网络

地方政府加强产业引导政策的方向就是实现人力资源服务企业创新优势的培养，推动企业转型升级，除了对企业进行技术创新、服务创新，也应当支持并积极推进人力资源服务产业创新网络的形成，增强产业的自身增长能力。密切政府部门、行业协会、高等院校、科研机构与人力资源服务机构的交流与合作，加强对人力资源服务产业内在发展规律的理论研究，科学分析发展状况，不断提出促进发展的思路和对策。

第一，政府设立创新基金，鼓励产学研。政府应在每年的财政预算中划分专项资金，通过直接奖励或科研经费的形式，发放给本地大学或研究机构进行人力资源服务产业集群发展的技术研究，特别是产业集群发展相关的前沿技术、共性技术和关键技术的研究。

第二，建立以高校和科研机构为主体的知识创新。目前，我国人力资源服务业的理论研究较为薄弱，而理论知识正是所有实践活动的先导。因此，政府应鼓励高校和科研机构加强对人力资源服务产业进行基础研究和应用研究，在学习和了解国外人力资源服务产业理论的基础上，结合我国的实际情况，最终形成我国自己的产业理论。

第三，健全成果转化政策。政府发挥在创新成果转化主体间的纽带作用，设立专门的科研成果转化机构，负责人力资源服务企业、高校和科研机构之间的沟通协调工作，加速科技创新成果的商品化进程。

四、市场监管政策

（一）完善行业规范体系

国家要在法律法规层面规范人力资源服务业的发展，各地要结合本地实际制定深化规范发展的细则或者操作办法，加强人力资源服务产业发展法律保障，推进人力资源市场建设管理的法治化。政府还要协调发挥行业协会的作用，深化构建人力资源服务产业标准体系，积极建立猎头寻访等具体不同业态的行业标准体系。建立人力资源服务业国家标准推介平台，依托上海知名企业集聚的优势，促进全国人力资源服务企业实施行业标准，积极参与人力资源服务业国际标准建设，将园区已成熟的行业标准推向国际。

（二）构建行业诚信体系

借助社会信用体系建设的机会加快人力资源服务业诚信体系建设，明确诚信制度建设、诚信档案建设、诚信状况评估等方面的项目工作。建立企业信息公示制度，通过人力资源服务产业园区的平台强化行业内的信息交流，引导各类人力资源企业履行社会责任共同参与构建行业征信服务系统，使其本身成为构建诚信体系的主体。要建立对入园企业的评价考核机制，对企业的经营规模、纳税贡献等指标进行打分，尤其注重人力资源服务机构的违规指标的考量，完善行业共同监管体系和综合服务监管机制。发挥行业协会在制定行业协调自律等方面的作用和媒体的舆论监督及监管作用，推进行业自我规范监督和管理完善。

（三）加强创新成果保护

激发人力资源服务企业积极投身于创新中，主要取决于两个关键因素，一是创新带来的整体收益，二是企业或个人在这份收益中的所得。为了做好蛋糕和分好蛋糕，政府应通过产权制度安排，解决创新者与创新成果之间的所有权关系。

首先，界定创新成果的产权。政府应出台详细的政策，针对高校和研究机构的创新成果在开发、保护和利用环节进行规范和监管，明确各方的义务和权益，保护致力于创新成果转化人员所创造的劳动价值。其次，加强产权保护。政府成立执法小组，定期或不定期对人力资源服务企业的知识产权进行巡查。对侵权行为加大处罚力度，同时建立媒体公告制度，有效维护人力资源服务市场的经营秩序，维护企业知识产权的合法权益。同时，政府通过资源整合，引入多家知识产权代理机构，设立知识产权中心办事处，提供从创新成果的保护、运营到转化的一条龙专业化服务。最后，建立创新成果的交易制度。为了促进创新成果的应用和产业化发展，政府应建立产权流转机制。鼓励企业与高校、科研机构等建立对接关系，将专利进行市场化和商品化，规范创新成果的评估、收益分配等。同时，当创新成果转移到企业时，对创新成果所有者免征个人所得税，鼓励个人持续创新的热情和积极性。对将创新成果进行应用并实现产业化的企业免征所得税，对主要人员给予一定的经济奖励和支持。

第四节　赋能Q市人力资源服务业特色发展的对策

一、人力资源服务出口基地的建设举措

（一）推进人力资源服务业的聚势扩容

1. 实施招商聚势行动

发布基地招商引资指导目录，重点引入具有较强服务"一带一路"建设及RCEP经贸合作能力的人力资源服务机构。支持行业协会、商会、本地重点企业和企业家等协同招商。建立基地重大项目落地协调机制。

2. 实施扩大开放行动

支持本土人力资源服务机构开拓国际市场、承接国际业务。鼓励本土人力资源服务机构引进国际先进的服务技术和管理模式，面向"一带一路"建设和RCEP经贸往来增强全流程服务能力，扩大人力资源服务出口规模。

3. 实施品牌打造行动

鼓励引导人力资源服务机构注册和使用自主人力资源服务商标、申请专利，健全品牌营运管理体系。支持人力资源服务机构争创高新技术企业和服务业高端品牌。通过政府部门、行业协会、第三方机构协作，打造一批具有国际影响力的人力资源服务品牌。

（二）实施人力资源服务业的协同创新

1. 实施"人力资源+数字科技"行动

推动人工智能、大数据、云计算、区块链等新兴信息技术在人力资源服务领域的深度融合和全面应用，助推人力资源服务业态、产品创新，扶植培育一批服务于"一带一路"沿线及RCEP区域发展的数字化、信息化人力资源服务机构。

2. 实施"人力资源+产业融合"行动

鼓励人力资源服务机构与先进的科技类服务机构和企业合作，提升管理咨询、人才测评、高端人才寻访等高附加值业态的科技化、互联化服务能力。探索培育互联网、教育、医疗等行业与人力资源服务深度融合的新模式。

3. 实施"人力资源+成果转化"行动

服务科技强国战略和海洋强国战略落地，支持国内外知名企业、大学、科研机构在 Q 市设立研发机构，推进国际创新合作，共建国际高端产业基地以及科技成果转化基地。

（三）加大重点企业和业态的培育力度

1. 实施领军企业培育行动

支持人力资源服务机构进入资本市场融资，鼓励金融机构与人力资源服务项目全方位对接，推动企业指数级加速发展。鼓励境外人力资源服务机构在基地设立独资或合资合作企业。扶植总部型人力资源服务企业，支持重点企业上市，培育一批具有较强国际竞争力的行业龙头骨干。

2. 实施行业英才引领行动

探索建立人力资源服务培训基地和实训基地，推进中高级行业人才交流，培育一批具有国际视野、通晓国际规则和国外法律、熟悉国际经营战略和技术发展的人力资源服务贸易人才。鼓励企业参加人力资源服务业领军人才评选活动，培养行业企业家人才队伍。加大对高层次人才的激励扶持力度，对符合条件的人员进行服务业专业人才奖励。

3. 实施业态优化升级行动

着重发展猎头服务，培育人力资源高人力资本、高技术、高附加值业态，提升人力资源服务的能级与竞争力。精准服务制造产业基础高级化、产业链现代化中的人力资源需求，助推制造业企业高质量拓展"一带一路"建设海外业务和参与 RCEP 经贸合作。

（四）推动人力资源服务业的国际融合

1. 实施海外拓展行动

鼓励本土人力资源服务机构在"一带一路"沿线国家及RCEP成员国设立分支机构，构建全球服务网络，推动人才、智力、项目、资本、技术等跨区域流动。支持人力资源服务机构与国内外高校签订战略协议，与海外互派教师交流，互派学生学习、实习，为海外分支机构精准化培养业务代表，以人才推动海外市场拓展。

2. 实施跨境服务行动

支持人力资源机构为我国企业"走出去"承接国际服务，提供特色化、精细化人力资源服务。重点为企业推进海外投资项目落地、承建境外基础设施建设和自主产品出口等提供劳务外派、招聘培训、技能提升、福利管理等人力资源服务出口保障。

3. 实施国际交流行动

筹办国际性、专业化论坛、峰会等行业交流平台。组织本土人力资源服务机构开展国际市场调研，参与国际供需对接，加强境外宣传推介，增强国际市场开拓能力。加强商务、人社、海事、金融、财政、税务、行政审批等部门的衔接，优化"零跑腿""全链式"政务服务，为行业从业人员出国、出访提供便利，为行业企业拓展国际业务提供支持。

（五）建立东北亚人才集聚区

1. 实施打造东北亚人才枢纽行动

对接发展重点产业、新兴产业对人力资源的需求，面向"一带一路"沿线、RCEP区域，重点突出日韩，搭建人才供需引育平台，实施更加开放的人才引进政策，充分发挥人力资源服务机构在国际劳动法务、人才配置、职业技能提升等方面的作用，提高人力资源市场配置效率和人才招引水平，着力打造高端人才聚集的东北亚区域人才枢纽。

2. 实施产教融合行动

深化校企合作，推行中国特色企业新型学徒制，满足企业拓展海外业务对技能人才的需求。支持规模以上人力资源服务机构与中德工匠学院、中国－上海合作组织经贸学院等职校、高校合作，联动用人单位精准培训和输出海外项目与市场所需的人才。打造"国内培养—海外输出—回国发展"的良性循环发展模式，人力资源输出后锁定人才，学习积累技术和经验后再回流国内，做到以人才促进产业集聚。

3. 实施互通互认行动

探索与日韩及"一带一路"沿线、RCEP区域国家加强职业教育互认合作。鼓励和支持Q市周边各类高校及职业院校，对标国际权威人力资源服务从业资格标准，培养具有国际市场运营能力的人力资源服务行业专业人才。以地区性行业联盟为依托，逐步扩大人力资源服务从业资格的互认范围，促进人力资源服务贸易便利化。

（六）提升人力资源服务质量

1. 实施园区联盟行动

主动与其他人力资源服务出口基地、人力资源服务产业园加强合作，增强基地辐射带动作用。牵头成立Q市周边5市人力资源服务产业园联盟，推动Q市周边5市组团融入人力资源国际交流合作。加强国外人力资源服务贸易管理政策、市场需求等信息的收集、分析和共享，提高Q市周边5市人力资源服务业发展水平。

2. 实施产业配套行动

在Q市14个市级重点工业产业集聚区建立人力资源服务联络办公室（人力资源事务所），精准匹配产业集群发展中的各类人力资源服务需求。针对企业进军"一带一路"沿线国家、日韩等开展国际业务的人力资源需求，推广宣传基地相关高端人力资源服务项目。建立国际人力资源服务清单制度，引导企业采购适合发展需要的高水平人力资源服务产品，提升人力资源服务供需对接效能。

3. 实施标准提升行动

完善行业统计调查制度，建立基地人力资源服务贸易统计制度框架，为推进基地建设提供决策参考。打造数字化人力资源服务系统，鼓励引导行业骨干企业、领军人才、专家学者参与行业理论研究、标准化建设，通过加强统计数据分析和利用，探索建立人力资源服务机构等级评价体系，促进行业规范化、标准化发展。

二、运行机制和保障措施

（一）健全推进体系，强化组织领导

为促进人力资源服务出口基地发展，打造人力资源服务贸易新高地，在已构建以分管市领导作为总召集人的市服务贸易发展联席会议制度的基础上，成立Q市人力资源服务出口基地建设协调专班，由市商务局、市人社局主要领导担任专班组长，市商务局、市人社局、QSB区政府分管领导担任副组长，明确专班职责，理顺工作机制，专班下设办公室，统筹推进全市人力资源服务出口基地建设工作，加强对人力资源服务贸易工作的宏观指导和协调促进。加强规划引导，定期编制人力资源服务贸易发展规划。充分发挥市服务外包协会、市人力资源协会等行业商（协）会的桥梁纽带作用，加强行业规范自律，推进行业诚信建设，维护市场经营秩序。密切与国内外相关商（协）会和中介组织的沟通合作，促进会员企业做大做强，形成促进服务外包和服务贸易加快发展的合力。

（二）突出政策引导，强化资金保障

构建"政府+平台公司+头部企业+社会资本"的运营模式，加大财税扶持和资金保障力度，有效发挥政府引导、市场运作的效果。充分发挥好外经贸发展专项资金及相关产业发展促进政策作用，落实国家有关人力资源服务贸易扶持政策，完善地方配套政策，出台《关于加快人力资源服务业创新发展若干措施》，统筹市、区（市）相关资金，加强对服务贸易

工作的经费保障，支持人力资源服务贸易主体培育、基地建设、业务培训、产业研究、统计监测、活动组织等事项，支持人力资源服务贸易机构国际市场开拓、研发创新、品牌打造、国际认证、人才培养等，落实"营改增"政策和国家对服务出口税收优惠政策。

（三）优化创建环境，强化服务支撑

提升运营团队专业化运营水平，强化基地的日常运营管理。坚持集中宣传和日常宣传，普及宣传与专项宣传相结合，多形式、多渠道、多方位宣传人力资源服务出口发展趋势、创新模式与典型经验，形成推动人力资源服务出口基地建设的强大合力、浓厚氛围。定期举办主题论坛、高层讲座等专题活动，提升人力资源服务出口的社会关注度，努力营造开放和谐、互利共赢的人力资源服务出口发展环境。加快引导企业建立人力资源服务出口的战略思维、运作理念，建立健全产业精英、领军人才与优秀专家数据库，组建专家顾问团队；加快建立重大事项专家参评工作机制，推动人力资源服务出口持续健康发展。建立贸易纠纷专项法律援助机制，对企业发展面临的违约和纠纷情况提供政策咨询，减少贸易风险点。

（四）加强过程评估，强化执行落实

设立基地管委会，负责统筹指导和协调基地管理工作，协调解决重大问题，争取上级支持等。探索建立人力资源服务贸易高质量发展指标体系，建立实行人力资源服务出口基地建设评价机制，委托第三方开展全过程评估，协助提炼总结人力资源服务出口基地工作成效、典型案例、发展规划，加强人力资源服务出口基地建设专业能力，确保基地建设事项落实到位，为基地高质量和可持续发展提供保障。

参考文献

［1］辽宁省人社局. 辽宁省人力资源服务机构等级划分标准与评定暂行办法［EB/OL］.［2013-03-09］. http://rst.ln.gov.cn.

［2］贵州省人社厅. 贵州省人力资源市场条例［EB/OL］.［2013-09-27］. https://rst.guizhou.gov.cn.

［3］牛盼盼. 基于灰色系统理论的人力资源服务机构综合评价［D］. 西安：西安建筑科技大学，2018.

［4］刘丹. 人力资源服务创新的影响因素研究［D］. 武汉：中南财经政法大学，2019.

［5］王征，唐镛. 新经济时代人力资源服务业发展研究——国际经验与中国实践［J］. 中国劳动，2019（12）：5-18.

［6］郭璐. 地方政府促进人力资源服务业集聚的行为研究［D］. 西安：西安电子科技大学，2017.

［7］沈海. 宁波市人力资源服务产业园区发展的现状、问题及对策研究［D］. 宁波：宁波大学，2018.

［8］袁持平. 香港政府行为研究［M］. 北京：北京大学出版社，2008.

［9］萧鸣政. 中国人力资源服务业蓝皮书（2021）［M］. 北京：人民出版社，2022.

［10］青岛市人力资源服务业发展报告编写委员会. 青岛人力资源服务业

发展报告（2021）［R］．青岛：青岛市人力资源和社会保障局，2021．

［11］陈水琳．江西省人力资源服务企业竞争力影响因素及提升对策研究［D］．南昌：华东交通大学，2020．

［12］刘晓莉．人力资源服务产业园区的形成和演化机制研究［J］．现代经济信息，2019（9）：19-20．

［13］莫荣，侯增艳，冯馨莹．中国人力资源服务产业园发展报告（2021）［M］．北京：社会科学文献出版社，2021．

［14］时博．高质量发展预期下人力资源服务机构的竞争战略、商业生态和组织发展［J］．中国人事科学，2022（6）：74-84．

［15］侯增艳．我国人力资源服务产业园建设的成效、问题与对策［J］．经济研究参考，2020（13）：107-114．

［16］郭璐．地方政府促进人力资源服务业集聚的行为研究［D］．西安：西安电子科技大学，2017．

［17］骆丹清．上海人力资源服务产业园发展中的政府作用探析［J］．中国人事科学，2018（6）：85-95．

［18］人力资源和社会保障部．人力资源社会保障部关于进一步规范人力资源市场秩序的意见［EB/OL］．［2019-09-05］．http://www.gov.cn/xinwen/2019-09/05/content_5427688.htm．

［19］中华人民共和国国家发展和改革委员会．产业结构调整指导目录（2011年本）［EB/OL］．［2011-04-26］．http://www.gov.cn/flfg/2011-04/26/content_1852729.htm．

［20］田永坡．人力资源服务业四十年：创新与发展［J］．中国人力资源开发，2019，36（1）：106-115．

［21］中华人民共和国国务院．人力资源市场暂行条例［EB/OL］．［2018-07-17］．http://www.gov.cn/zhengce/content/2018-07/17/content_5306967.htm．

[22] 刘洋，董久钰，魏江. 数字创新管理：理论框架与未来研究［J］. 管理世界，2020，36（7）：198-217，219.

[23] 赵慧娟，陈洪洋，姜盼松，等. 平台生态嵌入、数据赋能对中小制造企业创新柔性的影响——基于资源编排视角［J］. 研究与发展管理，2022，34（5）：1-15.

[24] 吴言波. 联盟组合配置、知识耦合与企业创新能力关系研究［D］. 成都：电子科技大学，2020.

[25] 芮正云，罗瑾琏. 企业创新搜寻策略的作用机理及其平衡——一个中国情境下的分析框架与经验证据［J］. 科学学研究，2016，34（5）：771-780.

[26] 周小刚，陈水琳，李丽清. 大数据能力、技术创新与人力资源服务企业竞争力关系研究［J］. 管理评论，2021，33（7）：81-91.

结束语

近年来，我国的人力资源服务业经历了快速发展阶段，但是随之也面临着诸多问题，如行业相关政策和法律法规尚不完善、行业发展不平衡、整体发展水平偏低、行业高端人才稀缺等。在国家提出双循环发展新格局的情境下，面临数字技术的飞速发展以及后疫情时代产业结构和市场的不断重塑，我国的人力资源服务企业、产业园区和地方政府需要充分把握时代机遇，探索我国人力资源服务业高质量发展的模式、机制和路径。

在双循环发展格局和"一带一路"建设推进的背景下，我国人力资源服务企业要结合自身特征大力进行转型升级，一方面企业间要摒弃传统的竞争思维，大力开展企业间协同创新和产业生态建设，另一方面要加大国际化发展步伐，与"一带一路"建设和产业发展充分结合，更好地服务于中国企业"走出去"，也更好地服务于外国企业在华投资。与其同时，面对新经济时代移动互联网技术、大数据、人工智能和区块链等技术的发展，以及新冠肺炎疫情对于传统行业的冲击给人力资源服务业带来的巨大的挑战和机遇，我国人力资源服务企业必须进行改革创新，才能与时俱进，才能实现高质量快速发展。

本书从人力资源服务企业、产业园区和地方政府三方的角度讨论了当前我国人力资源服务业的发展现状、面临的形势、存在的问题，并初步提出了未来的发展思路、对策和建议。在本书的写作过程中，整合了国内很多相关学者的重要观点，并融入了 Q 市人力资源服务业发展的一些特色案例，希望能为相关地区的人力资源服务业发展提供一定的参考和借鉴。

社会发展、经济形态变迁均会对各个行业的发展产生影响，我国的人力资源服务业的粗放式发展将难以适应社会以及市场的快速发展，各相关企业、产业园区和地方政府应该充分响应时代发展的要求，充分结合自身的资源禀赋，在高质量发展预期下选择具有区域特色的人力资源服务创新升级之路。